应急社会心理学

李海南　著

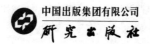

中国出版集团有限公司

研究出版社

图书在版编目 (CIP) 数据

应急社会心理学 / 李海南著 . — 北京 : 研究出版
社，2024. 11. -- ISBN 978-7-5199-1732-6

Ⅰ. C912.6-0

中国国家版本馆 CIP 数据核字第 2024RM6706 号

出 品 人：陈建军
出版统筹：丁　波
责任编辑：范存刚

应急社会心理学

YINGJI SHEHUI XINLIXUE

李海南　著

研究出版社 出版发行

（100006　北京市东城区灯市口大街100号华腾商务楼）

北京新华印刷有限公司印刷　新华书店经销

2024年11月第1版　2024年11月第1次印刷

开本：710毫米×1000毫米　1/16　印张：15

字数：216千字

ISBN 978-7-5199-1732-6　定价：68.00元

电话（010）64217619　64217652（发行部）

概　要

　　当前我国正处于社会转型发展的关键时期，机遇与挑战并存。自然灾害、事故灾难、公共卫生事件、社会公共安全事件等对民众的身心健康和社会的良性运行带来巨大的冲击和挑战。党的十九大报告提出要"加强社会心理服务体系建设"，将心理服务纳入社会治理体系中；十九届五中全会通过的《中共中央关于制定国民经济和社会发展第十四个五年规划和2035年远景目标的建议》提出，在建设高质量教育体系中要"重视青少年身体素质和心理健康教育"，在全面推进健康中国建设时要"重视精神卫生和心理健康"，在维护社会稳定和安全方面要"健全社会心理服务体系和危机干预机制"，在健全社区管理和服务机制时要推动"心理援助"等服务，为进一步协同发展心理建设工作指明了方向。党的二十大报告提出重视心理健康和精神卫生。健全公共卫生体系，加强重大疫情防控救治体系和应急能力建设。本书运用社会心理学的原理方法以及大数据技术分析方法（如灾民集体话语的情绪表达统计分析），解读"应急"情境下的社会心理现象，构建"应急社会认知""应急社会情绪管理""应急素质养成与安全共识理念形成"和"应急集体行为调控"四位一体的社会应急心理服务体系。这是本书的宗旨，也是社会心理服务应急管理，解国家和民众之所需，促进社会稳定和谐发展的有效途径。

CONTENTS 目录

第二章
风险社会认知 \ 016

第三章
应急主观倾向　036

第四章
应急社会互动　057

第五章
应急社会影响　084

第八章
应急角色的心理和行为调控　173

第九章
积极心理学的视角　195

第十章
信息时代的新命题 \ 213

第一章

应急社会心理学概述

老子在《道德经》中有云："天地不仁，以万物为刍狗。"阿德勒在《自卑与超越》中说："人类别无选择的生存在地球这个资源有限的小行星上，且不是独自一人，需要和他人合作共存。"而地球并不是为了人类拥有舒适的生活而设计的，人类与自然、与同类合作谋求生存发展的道路也并非一帆风顺，甚至是险象环生的，人类文明进步的历史亦是一部与各种危险不断抗争的历史。

21世纪，生命至上的价值理念逐渐成为人类共识，但自然灾害、事故灾难、公共卫生事件、社会安全事件等威胁人类生命健康的突发事件并未因此而减少，甚至由于生态环境的破坏、社会矛盾的加剧等原因而愈演愈烈，呈现出自然的和人为的相互联系，传统的和非传统的相互作用，既有矛盾和新生矛盾相互交织等特点。为了更好地维护生命安全，促进社会和谐，维护全人类的利益，应急管理能力和社会治理水平面临着更大的挑战和考验。

"应急"是一项系统工程，涉及科学、工程、技术、管理、法律、社会、心理等诸多领域。党的十九大报告提出要"加强社会心理服务体系建设"，将心理服务纳入社会治理体系中。而在经历了2003年"非典"疫情和2008年汶川地震等重大突发事件的心理应急实践以后，我们在应急心理危机干预和心理援助方面开展了深入广泛的研究和探讨，也积累了一些经验。但是在宏观层面，关于社会应急情境下群体心理行为的特征和规律的研究，以及社会作为一个有机整体，在"风险"客观潜在或存在的情况下如何保障其安全性和韧性等方面的研究还处于蒙昧阶段。2019年末到2023年初，新型冠状病毒在全球范围内大流行，导致的负性情绪泛滥、群体冲突加剧、社会信任出现危机以及间接呈现的次生危机等都暴露了应急管理在群体心理行为调控方面的不足。基于此，我们提出了建设应急社会学体系的构想，并将应急社会心理学作为其重要组成部分。

第一节　应急社会心理学的学科定位

一、概念解析

"应急"是应急社会心理学研究的出发点。"急"指的是事件突发的情境，"应急"是对突发紧急情况的应对和处理。应急事件应包括自然灾害、技术灾难、公共卫生事件、恐怖袭击、经济危机等。这些突发事件会对公众的生命健康、财产安全，社会的基础设施和生态环境造成威胁，并将影响国家或地区的稳定。当然，构成应急情境的内容远不限于这些突发事件，还包括受到突发事件影响的个体和群体。他们构成应急社会心理学研究中人际互动和相互影响发生的必要背景和主体内容。在社会应急情境下，个体和群体的心理行为及其互动都将呈现出不同的特征和规律。

社会心理学是应急社会心理学研究的归宿。社会心理学作为一门独立的学科已经有一百多年的历史了，但是对于其概念的界定和研究对象的定位却一直没有形成一致的意见。社会心理学是社会学和心理学的交叉学科，自形成以来就存在两种分歧：心理学家的社会心理学和社会学家的社会心理学。前者以麦独孤（William McDougall）、奥尔波特（Gordon

W. Auport）等为代表，注重个体，主张社会心理学的研究对象是人在社会与文化环境中的行为；后者以罗斯（E.A.Ross）和埃尔伍德（Charles A. Ellwood）等为代表，注重社会（群体和互动），主张社会心理学的研究对象是社会互动。近几十年来，人类学家又提出了社会心理学研究的新视角：文化。从跨文化的角度来看，人类行为不仅受到社会因素的影响，同时也受到文化因素的影响，包括风尚习俗、典章制度、哲学、语言等。基于此，周晓虹老师将社会心理学的研究对象概括为："人的社会或文化行为发生、发展、变化的过程及其规律。"[①]其内涵包括三个方面：社会心理学的研究对象既包括社会心理（内因过程），也包括社会行为（外显过程）；反应的主体既包括群体中的个体，也包括由这些个体组成的不同规模的群体；个体或群体的反应受到社会、文化、人格及生物因素的制约与影响。

二、研究对象

应急社会心理学作为社会心理学的学科分支，是社会心理学在社会应急情境下的具体应用，交叉融合了管理学、社会学、心理学、应急心理学、应急社会学、应急管理学等学科的内容。其研究对象可以界定为：在"应急"社会情境下个体、群体的行为特征及其规律。应急社会心理学与相关学科之间的关系见图1–1。

---

① 周晓虹：《现代社会心理学》，上海人民出版社1997年版，第11页。

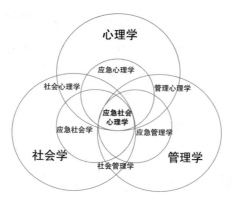

图1-1 应急社会心理学与相关学科之间的关系

应急社会心理学旨在通过研究应急状态下个体和群体的心理现象，解释危机状态对个体和群体产生的影响，预测应急状态下个体和群体心理、行为变化的规律，从而对应急状态下的心理行为进行干预和调控，探索各类社会突发事件的预防和有效应对方法。

三、内容框架

应急社会心理学的研究内容包括理论基础和实践应用两大部分。其中，理论基础主要包括应急社会认知、应急行为倾向、应急社会互动、应急社会影响四个部分；实践应用主要包括应急素质的养成和应急行为的调控两个部分。详见图1-2。

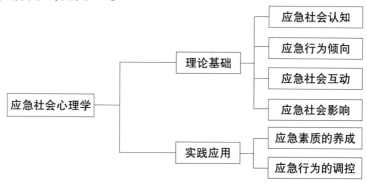

图1-2 应急社会心理学主要研究内容框架

第二节 应急社会心理学与相关学科的比较

应急社会心理学与社会学、管理学、心理学、人类学等都存在密切的关系，这一点在上一节内容中已有阐述。这一节将比较应急社会心理学与应急社会学、应急心理学、灾难心理学和应急管理学等几个易混淆学科之间的关系。

一、应急社会心理学与应急社会学的比较

应急社会学作为社会学的分支学科，从宏观的视角，探讨了突发事件及其应对与社会政策、社会结构等的相互作用及其对社会运行、发展的影响。应急社会心理学是从中观的角度，研究社会应急情境下个体、群体的行为特征及其规律。两者的研究视角和研究对象均存在显著差异。

同时，应急社会心理学可以帮助研究者更好地理解"社会"的构成要素——个体和群体，及其在社会应急情境下的心理机制，为应急社会学的研究提供重要支撑。从这个意义上讲，应急社会心理学是应急社会学的重要组成部分。

二、应急社会心理学与应急（灾难）心理学的比较

将"应急"与"心理学"搭配在一起，还是一个比较新鲜的提法，因此，学界对于"应急心理学"尚无清晰的界定。一种说法认为，应急心理学是研究应激心理障碍及其干预、治疗方法的一门科学，即应"心理"之急；另一种说法认为，应急心理学是研究危机情境下人们的反应以及如何

对其进行干预的一门科学，即以个体心理危机干预的方法应"社会"之急。

无论是哪种说法，应急心理学都侧重于对个体心理危机干预的研究，应急社会心理学则侧重于社会应急情境下对个体、群体的行为特征及其规律的研究。当然应急社会心理学也包括对个体心理危机干预的研究，但只是其一个非核心的组成部分。

另一个与应急社会心理学接近的概念是"灾难心理学"——"研究灾难中人的心理、行为规律的科学，通过对灾难事件中个体、群体和组织的心理、行为规律的形成机制及变化特征进行描述、解释，从而达到预测和应对灾难事件的目的。"[①]

两者的区别在于，灾难心理学侧重于对灾难中和灾难后的心理行为规律进行研究，而应急社会心理学强调从突发事件预防、监测预警、处置应对、恢复重建全过程的研究。

三、应急社会心理学与应急管理学的比较

应急管理学以政府及其他公共机构为研究主体，研究范围包括对突发事件的事前预防、事发应对、事中处置和善后恢复的全过程，旨在通过建立必要的应对机制，采取一系列必要措施，应用科学、技术、规划与管理等手段，保障公众生命、健康和财产安全，促进社会和谐健康发展。

应急社会心理学与应急管理学的相同点在于都是针对社会突发事件的应急情境，都涉及突发事件的整个过程，且目标一致。两者的区别在于：第一，学科基础不同，前者以心理学为基础，后者以管理学为基础；第二，研究对象（应急主体）不同，前者的研究对象广泛，包括与应急情境

---

① 时堪等：《灾难心理学》，科学出版社2010年版，第14页。

相关的一切个体和群体，后者主要偏重于对政府和公共机构的研究。

综上所述，应急社会心理学是社会学、心理学、人类学、管理学等学科交叉形成的边缘学科，与应急社会学、灾难心理学、应急管理学等具有千丝万缕的联系。但应急社会心理学又具有其独特的研究对象、研究领域和研究议题。详见表1-1。

表1-1　应急社会心理学与相关学科对比表

类别	应急社会心理学	应急社会学	应急（灾难）心理学	应急管理学
研究视角	中观	宏观	微观	中观
重点研究对象	社会中的群体	整个社会系统	社会中的个体	社会中的特定群体
理论倾向	群体心理学	社会学	个体心理学	管理学
环节	全过程	全过程	事中和事后	全过程

突发事件是一种客观存在的、独特的而又极端的社会现象，人们在应急情境下的行为呈现出特定的特征和规律，对其加以研究具有重要的理论和现实意义。因此，将社会应急心理学作为一门社会心理学的分支学科进行建设既是可能的也是必要的。

第三节　应急社会心理学的理论基础

理论是对实践的概括。应急社会心理学作为一门旨在解决复杂社会问题的交叉学科，应广纳人类认识世界、改造世界的知识经验，建构扎实的理论基础。

一、社会物理学理论

社会物理学可以表述为应用自然科学（以物理学为核心）的思路、概念、原理和方法，经过有效拓展、合理融汇和理性修正，用来揭示、模拟、移植、解释和寻求社会行为规律和经济运行规律的充分交叉性的学科。[①]社会物理学的思想最早可以溯源至18世纪启蒙思想家和空想社会主义者，在社会学家孔德的《实证哲学教程》中也有充分的体现、阐述。

社会物理学的基本观点包括：①承认无论是自然系统还是人文系统，无一例外地随处（空间）随时（时间）都呈现出"差异"的绝对性；②只要存在各种"差异"或"差异集合"，必然产生广义的"梯度"；③只要存在广义的"梯度"，必然产生广义的"力"；④只要存在广义的"力"，必然产生广义的"流"；⑤社会物理学着重探索广义"流"的存在形式、演化方向、行进速率、表现强度、相互关系、响应程度、反馈特征及其敏感性、稳定性，从而刻画"自然—社会—经济"复杂巨系统的时空行为和运行轨迹，寻求其内在机制和调控要点，在计算机及网络工具的支持下，有效地服务于政治、经济、军事、社会等重大问题的决策与管理。

社会物理学的观点对于自然科学与社会科学的交叉融合，用科学、理性的方法解释复杂的社会现象，解决复杂的社会问题具有十分重要的价值和意义。例如，我们在突发事件发生前，通过减少"差异"，控制"流"的速度和方向是避免社会矛盾激化和维护社会公共安全的根本和有效途径。在突发事件发生后，对"流"的追溯也是分析事件原因，提供解决方案的重要线索。

---

① 时堪等：《灾难心理学》，科学出版社2010年版，第21页。

针对社会安全问题，牛文元在社会物理学的研究中提出了社会燃烧理论，即可以用自然界燃烧必备三个基本条件——燃烧物质、助燃剂和点火温度，类比解释社会的无序、失稳和动乱的现象。人与自然、人与人之间的不协调构成社会不稳定的"燃烧物质"，是引起社会不稳定的基本动因。舆论的渲染和谣言的散布是社会失稳的"助燃剂"。具有一定规模和影响的突发事件构成社会失稳的导火索，即"点火温度"。由此可见，人与自然、人与人的和谐是社会稳定的前提，任何偏离的情况都会给社会稳定带来负向影响。当负向影响累积到一定程度，加之舆论导向的煽动，在某一突发导火索事件的刺激下，就可能会出现社会失衡、失序、失控，甚至社会崩溃。[1]

二、社会系统理论

社会系统理论是生物学理论（生命系统自我再生系统理论）在社会学研究中的应用，代表人物包括美国社会学学者帕森思（T. Parsons）、霍曼斯（George C. Homans）、赛尔兹尼克（Philip Selznick）、卡兹（Daniel Katz）、卡恩（Robert L. Kahn），德国社会学学者卢曼（Niklas Luhmann）等，形成于20世纪80年代中期。

其基本理论观点包括：

（一）社会系统的结构

社会行动是一个庞大的系统，它由四个子系统即行为有机体系统、人格系统、社会系统和文化系统组成。行为有机体系统与行动者的生物学方面有关。人格系统组织着个人行动者的心理要素。社会系统组织个人或群体，使之处于一定的相互关系形式之中。文化系统由规范、信仰及其他一

① 牛文元：《社会物理学与中国社会稳定预警系统》，《中国科学院院刊》2001年第1卷，第15—20页。

些与行动相联系的观念构成，是一个具有符号性质的意义模式系统。这四种系统都有自己的维持和生存边界，但又相互依存、相互作用，共同形成控制论意义上的层次控制系统。

（二）社会系统基本功能

任何一种组织本身即为一个社会系统，而这社会系统之中又包含许多的小社会系统。任何社会系统都具备四项基本功能：①适应（adaptation）——从环境获得系统所需要的资源，并在系统内加以分配。当内外环境变动的时候，系统需要具备妥当的准备和相当的弹性，以适应新的变化来减轻紧张、摩擦的不良后果。②达成目标（goal-attainment）——能够制定该系统的目标和确立各种目标间的主次关系，并调动资源和引导社会成员去实现目标。③模式维持（pattern maintenance or latency）——能够维持价值观的基本模式并使之在系统内保持制度化，以及处理行动者的内部紧张和行动者之间的关系紧张问题。④整合（integration）——使系统各部分协调为一个起作用的整体，维持系统之中各部分之间的协调、团结，来确保系统完善并且对抗外来重大变故。

社会系统的各部分存在相互依存和相互交换的关系，并使社会系统趋于均衡。四项基本必要功能的满足，使系统得以保持稳定。当系统出现越轨和偏离常态的现象时，可通过系统本身的自动调节机制，使系统恢复到新的正常状态。

三、风险认知理论

风险认知理论源于认知心理学的理论观点，即人不是被动地受控于环境的刺激，而是积极主动地对环境信息进行组织、加工、理解和归因。人的行为取决于人对社会情境的知觉和加工过程。

风险认知是社会认知的组成部分，也是个体与应急情境、风险事件相连接的第一步，即人们主观上对客观存在风险的知觉、判断和体验。公众的风险认知往往并不那么准确，甚至可以说常常是不准确的。风险认知受到多种因素的影响：信息的特征（包括信息的充分性、准确性、来源、框架、修辞等），个体的经验、教育水平、人格特质、主观期待等方面的差异，风险的性质特征等。

斯洛维奇（Paul Slovic）的涟漪效应理论把风险事件解释为一种信号，并比喻为投入平静水中的石头，认为风险事件本身的危害程度、方式和性质以及公众获取、感知和解释信息的认知方式都会影响涟漪的深度与广度[1]。详见图1-3。

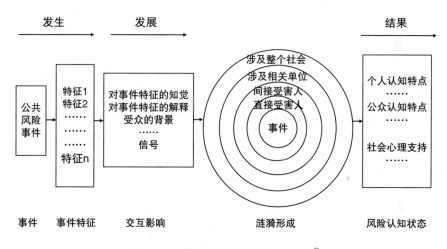

图1-3 风险事件传播的过程及影响[2]

人们对于风险事件的认知极大地影响其情绪状态，进而影响个体的态度和行为，因此，风险认知在危机管理过程中起着非常重要的作用。有效的风险沟通是避免风险认知偏差的重要途径。

---

① 谢晓非、谢冬梅、郑蕊、张利沙：《SAS危机中公众理性特征初探》，《管理评论》2003年第4期，第7页。
② 时堪等：《灾难心理学》，科学出版社2010年版，第26页。

四、社会学习理论

社会学习理论是由美国心理学家阿尔伯特·班杜拉（Albert Bandura）于1952年提出的。它着眼于观察学习和自我调节在引发人的行为中的作用，重视个人、行为和环境的相互作用，强调社会变量对人类行为的制约作用。

虽然人类具有抵御或逃避危险的基因和本能，但是面对现代各种复杂的社会因素带来的新"风险"情境，基因和本能已经不能满足人类生存发展的需要。因此"应急"的行为主要是后天习得的。

行为习得有两种不同的过程：一种是通过直接经验获得行为反应模式的过程，班杜拉把这种行为习得过程称为"通过反应的结果所进行的学习"，即我们所说的直接经验的学习；另一种是通过观察示范者的行为而习得行为的过程，班杜拉称之为"通过示范所进行的学习"，即我们所说的间接经验的学习。

鉴于危机事件的偶发性和破坏性，恰当有效的"应急"行为应当是后一种情况，即间接经验的学习（观察学习过程见图1-4）。因此，对他人行为经验的总结和预先的培训显得非常重要。

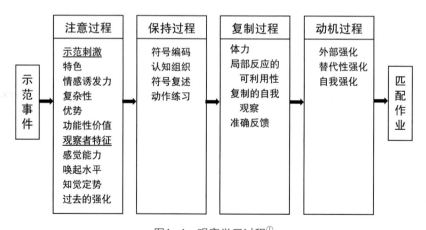

图1-4 观察学习过程[1]

----

[1] 转引自金盛华：《社会心理学》（第三版），高等教育出版社2020年版，第23页。

第四节　应急社会心理学的研究方法

应急社会心理学作为社会心理学的学科分支，继承了社会心理学研究的基础理论和研究方法，同时又由于危机事件的偶发性、集群性、破坏性等特点，在研究方法方面需要有新的尝试和探索。

一、量化研究与质性研究相结合

量化研究是指着重探讨研究对象的数量特征、关系和发展变化等，并以此预测社会现象的发展趋势的研究方法。量化研究通常需要一个关于研究对象的想法或理论，并不断对其进行检验。因此，量化研究往往是演绎性的。典型的量化研究方法包括实验方法、统计方法等。质性研究主要是通过对社会现象发展过程及其特征的深入分析以及对社会现象的详细考察，解释社会现象的本质和变化、发展规律的方法。质性研究偏向于归纳法，可以用来建构理论。当研究者对感兴趣的领域不太了解或者一无所知时，这一研究方法会更具优势。典型的质性研究方法包括实地研究、文献研究等。

1924年，美国社会心理学家奥尔波特出版的《社会心理学》将实验法引入社会心理学的研究，标志着系统的科学社会心理学的建立。实验法一直是社会心理学最重要的研究方法之一。实验法是通过系统操作一个或多个变量（自变量），以确定其变化是否对其他变量（因变量）造成影响的研究方法。其优点在于可以解释自变量与因变量之间的因果关系，可以重复检验结论的真伪。

问卷调查法和心理测量法也是重要的量化研究方法。问卷调查法是在一定的理论指导下，根据一定的研究目的来设计问卷，收集资料，并分析得出研究结论的方法。心理测量法是指运用标准化的心理量表或心理测验收集个体或群体心理活动信息，并进行分析的方法。

面对近一个世纪以来量化研究一统天下的格局，我们不得不开始反思：每种方法本身具有一定的局限性，我们所遵循的量化方法进行的科学研究也可能带有一定的偏见。因此在强调量化研究的同时，我们也不能忽视质性研究的重要价值。对于应急社会心理学这一崭新的研究领域，通过质性研究进行理论建构十分重要且必要。

文献研究法主要指通过搜集、鉴别、整理文献，并对文献进行研究而形成对事实的科学认识的方法。文献研究法是一种古老而又富有生命力的科学研究方法。它可以超越时空限制，省时高效。应急社会心理学研究领域的文献既包括论文、书籍等学术文献，也包括政策性文献、统计资料和案例资料；既包括书面资料，也包括图像和视频资料。

现场研究法又称实地研究法，是指在真实的社会生活环境中，综合运用观察、访谈和实验等方法收集数据的研究方法。其优点在于信息来源于真实的生活情境，真实可靠，深入细致，具有较好的生态效应。

案例分析方法亦称个案分析方法或典型分析方法，是对有代表性的事物（现象）进行深入而仔细的研究从而获得总体认识的一种科学分析方法。该分析法具有代表性、系统性、深刻性、具体性等特点。

二、传统方法与大数据技术相结合

信息技术的发展让世间一切都可能数据化。任何数据都能够进行收集、存储、挖掘和分析，从而使人们能够更好地发现世界与人类社会变化的规律，这就生成了科学研究的第四种范式——数据驱动的科学研究范式。这也为社会心理学的研究带来前所未有的机遇。

大数据是指在互联网上发生的、蕴含丰富的、可被挖掘的，具有社会价值、商业价值或科研价值的数据，其特点表现为：

①大容量：数据体量巨大，非传统数据可比；

②多样性：数据种类和格式突破了传统的结构化数据范畴，囊括了更多种类的数据；

③高速率：大数据产生速度快，数据的处理也要求高速率；

④价值性：大数据的价值性表现为高低两个矛盾体的对立统一，即整体的高价值和单位数据价值低密度；

⑤模糊性：由于数据生成采集的多样性和差异性，以及其他人为或技术条件的原因，大数据容易混入似是而非，虚假以及错误的成分，影响数据的清晰度和真实性。

运用传统的研究方法得到的结论往往具有情境性，而且不可避免地受到抽样偏差、测量偏差的影响。相比之下，大数据在数据样本的覆盖面和时间精度方面有优势。同时，大数据对于深入挖掘大规模人群在群体层面表现出来的群体心理行为规律具有独特优势。这与应急社会心理学的研究需求不谋而合。

当然基于社会科学研究对象的复杂性和大数据本身的特点，大数据方法的运用还面临着一些挑战和需要解决的问题。

第二章

风险社会认知

"知彼知己，百战不殆。"（《孙子兵法·谋攻篇》）社会认知是主体与外界建立联系的桥梁和纽带，也是及时发现各种潜在或显在风险因素，有效应对各种"紧急状况"的重要前提和基础。

第一节　风险社会认知概述

一、风险

我国学者林崇德等认为：风险是不利事件发生的概率及其后果的函数。代表着一种不确定的特征。包含两个基本要素：一不利事件与损失的发生，即风险的负向性特征；二不利事件或损失发生的可能性。[1]

《辞海》对风险的解释为：人们在生产建设和日常生活中遭遇能导致人身伤亡、财产损失及其他经济损失的自然灾害、意外事故和其他不测事件的可能性。

《现代汉语词典》的解释是：风险是指可能发生的危险。

---

[1]　林崇德、杨治良、黄希庭主编：《心理学大辞典》，上海教育出版社2003年版，第357页。

《现代高级英汉双解辞典》的解释是：risk（instance of）possibility or chance of meeting danger，suffering loss or injury，etc.（遭遇危难、受损失或伤害等之可能或机会）。

《韦氏英语词典》中解释的risk有两层含义：第一层是指能引起伤害的某种事物（something that may cause injury or harm）；第二层是指因缺乏保护而可能造成伤害的状态（the state of not being protected from injury, harm, or evil）。

概括来说，风险至少包含三层意思：风险意味着损失和伤害；风险是一种可能性，是还没有发生的情况，是指向未来的；风险是人们不得不面对的。[①]

二、风险认知

如何认知风险，同样是学术界普遍存在争议的问题。现实主义的观点认为风险有其自身存在的必然性环境特征，这些特征可以被识别、被测量，因此可以运用经验类的方法对其进行认知和研究。建构主义的观点认为，风险是人们在社会生活过程中建构起来的，反映了人们的信念、价值和文化观念，具有主观性。因此，对风险的认知及研究应该在社会水平上进行。为了更好地理解风险认知，很多学者主张把两者结合起来，即将科学判断与公众风险评估的各个方面进行平衡和整合。

1. 林崇德等的观点

林崇德等认为，风险认知是个体对外界环境中各种客观风险的感受和认识。这个定义强调直观判断和主观感受对个体认知的影响。风险认知受到以下因素的影响：①个体差异，②期望水平，③信息的影响，④风险特

---

① 刘金平：《理解·沟通·控制：公众的风险认知》，科学出版社2011年版，第2页。

征性质，⑤自愿性程度，⑥教育程度。①

2. 斯洛维奇的观点

斯洛维奇认为，在风险认知研究中，"风险认知"这个术语用来描述人们对风险的态度以及对风险的直觉判断（intuitive judgment）。在这个定义中，作者强调了风险认知的主观性及具有非逻辑性的特征。

3. 谢晓非的观点

谢晓非认为，风险认知是个体对外界环境中的各种客观风险的主观感受、经验和认识。她进一步指出，外界环境中客观风险的存在形态是复杂的、多样的。通过个体的主观性过滤，其风险认知的形态也必然复杂多样。因此，人们风险认知结构的形成受到多种因素的影响。与事实相比，公众在风险认知中必然存在某些偏差。以往的研究不断地证实，公众对风险的认识，可能与事实相去甚远。②

4. 凌文辁等的观点

凌文辁和方俐洛认为，人们基于主观对危险性的评价，称为"风险认知"。风险认知与客观风险之间存在很大偏差。③

5. 钱海婷的观点

钱海婷认为风险认知是指人们对风险的主观评定和判断，以及由此引发的态度和决策倾向。它涵盖了人们对风险的感知、理解、记忆、评价、反应的整个认知过程。④

概括来说，风险认知是人们对客观风险在主观上的知觉、判断和体验，具有主观性、客观性、差异性的特点。因此，风险认知往往存在偏差。比如说，很多人都认为乘飞机比乘火车更危险，但根据事故死亡率统

---

① 林崇德、杨治良、黄希庭主编：《心理学大辞典》，上海教育出版社2003年版，第357页。
② 谢晓非：《公众风险认知的偏差》，《心理学动态》1996年第4期，第23—26页。
③ 凌文辁、方俐洛：《对嗜好品风险认知的国际比较》，《广州大学学报（自然科学版）》2022年第6期，第81—85页。
④ 钱海婷：《突发事件中公众风险认知的理论模型述评》，《情报杂志》2015年第34期，第141—146页。

计，乘飞机比乘火车安全数十倍。核电站的安全性是很高的，污染又少，但常常遭到市民的反对。有效的风险沟通可以在一定程度上减少认知偏差。

三、社会认知

社会认知是指人对社会事物进行解释的过程及其结果，具体来讲，就是指人们如何选择和使用信息解释世界并进一步做判断和决策的过程。从信息加工的角度来看，社会认知是指人们对各种信息进行注意、感知、存储、加工、运用的过程。社会认知的对象广泛，包括自己、他人、群体、关系、制度、观念等一切与"人及其行为"有关的社会事实和现象。社会认知主要包括社会知觉、印象形成和社会推理三个环节。

社会认知虽然由客观事件引发，但并不完全取决于客体本身，还受到人的经验、目的、需要、态度、信念、价值观等主观因素的影响，因此是主客观共同作用的结果。在群体中，社会认知还会受到情境因素的影响。因此，社会认知并不总是客观准确的，甚至经常会出现认知偏差。

"风险"之所以成为"风险"，必然对人类造成了一定程度的威胁，因此，可以说风险认知具有社会认知的特点，符合社会认知的规律，风险认知是社会认知的一种。

四、风险社会认知

今天，我国社会发展到了一个相当高级而又复杂的阶段，因此我们理解的风险社会认知至少包含两层含义。

其一，风险社会认知是指主体对社会上潜在或显在的风险因素的感知、评定和判断，以及由此引发的态度和决策倾向。它涵盖了人们对风险的感知、理解、记忆、评价、反应等整个认知过程。这是一种针对社会局部的特殊性的认知。

其二，风险社会认知也指对社会普遍状态的一般性认知。德国社会学家乌尔里希·贝克（Ulrich Beck）在其著作《风险社会：新的现代性之路》中将风险定义为：由现代化自身引发的危险和不安。有别于传统的危险，现代社会的风险是现代化的威胁力量和令人怀疑的全球化所引发的后果。因此，贝克提出了"风险社会"的观点，认为现代化过程重塑了社会结构，人们赖以为生的确定性根源发生了变化，因此人类面临的风险呈现出新的特征：

1. 全局性

风险不是现代化的发明，比如说哥伦布航海，肯定也有风险的，但那是个人风险，不是全人类面临的全球性危险。相比之下，今天的现代化带来的风险不再局限于特定的地域或团体，呈现出全球化的趋势，比如说空气污染、食品安全、病毒等，不仅跨越民族、国家的界限，而且风险因素一旦产生，没有人可以独善其身，人类命运共同体成为一种必然的结果而非选择。

2. 复杂性（非直观性）

过去的风险大多可通过感官捕获，比如说刺激眼睛或者鼻子，但现代化的风险大多难以通过感官感知。

3. 普遍性

风险社会是一个世界性风险社会，也就是说，我们的生活中确实存在各种风险因素（自然灾害、事故灾害、环境污染、疾病等），意外状况和不确定性将成为常态。

根据贝克的观点，风险社会是人类社会发展的新阶段，不安全社会的价值体系取代了不平等社会的价值体系，共同的焦虑取代了共同的需求，安全成为风险社会的基础和动力所在。今天的社会现实验证了贝克的风险社会理论。

因此，我们对风险的认知和态度也应该与时俱进。

首先，风险是普遍存在的，既然无所遁形，那么我们对待风险的态度只能是直面应对，正视风险恰恰是有效应对的前提。

其次，现代风险的全局性、普遍性和复杂性意味着没有人可以独善其身，要求人们具备全局观和协作精神。只有放下分歧，构建新型团结共同体，才能有效应对。

最后，在风险社会中，重要的是预见和承受风险，并在政策层面加以处理。所以应对恐惧与不安已经成为关键技能，是教育和社会治理的主要任务。

第二节　风险认知的理论模型

风险既是现实的，又是非现实的，部分是当下的，但主要是关乎未来的。一方面，很多危害和损失在今天就已经是真实的，如水体的污染、森林破坏以及新型疾病；另一方面，人们也担忧预期中的未来危险。风险意识的核心不在当下而在未来。由此，风险认知既是客观的又是主观的，既是个人的，又是有情境性的。风险认知是一个复杂的过程，研究者已经提出并检验了多种关于风险认知发生机制的理论模型（范式）。

一、理性行动者模型

理性行动者模型假设人类的行为是理性选择的结果，人们的决策行为以追求利益最大化为目的，风险和收益之间的平衡决定了风险的可接受性，人们根据成本和收益来评估风险。

然而事实证明，人们的实际抉择行为并不是全然理性的，经常出现偏差，人们在对风险信息进行加工时常常出现错误，导致产生错误的风险认知。人们习惯使用捷径或启发式降低和管理他们所面临的世界的复杂性，比如可得性启发式。①

二、心理测量范式

20世纪80年代菲纽肯（Brain Finucance）和斯洛维奇为代表的研究者提出风险认知的心理测量范式。该理论运用心理测量的方法评估人们的风险认知，认为风险认知是未知维度、可怕维度等心理维度的函数。图2-1是一个公众对核辐射危机心理维度的评定示意图。②要求被试在5点等级量表上对核辐射的风险看法进行等级评分。

此外该理论还区分了客观的、理性的风险与非理性的风险，总结出了

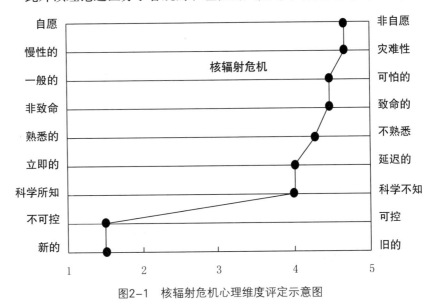

图2-1 核辐射危机心理维度评定示意图

---

① 可得性启发式：将容易获得的信息作为判断当前情景的根据。例如，刚刚看过飞机失事的新闻，会高估乘坐飞机出行的风险。

② Plattner T，Plapp T，Hebel B. Integrating Public Risk Perception Into Formal Natural Hazard Risk Assessment ［J］. Natural Hazards Earth System Science，2006，6(7):471—483.

很多影响风险认知准确性的因素，包括错误记忆、先前信念、信息传播者的表达方式等。风险认知研究的目的就是阐明这些影响因素，并解释实际风险与人们感知到的风险之间的差异。

心理测量的范式通过大量的心理测量量表和因素分析技术，对突发事件中的各种因素量化排序力图找出风险认知的各种影响因素和主要变量，并且在心理测量中考虑情绪变量，探讨情绪对于风险认知的影响作用。心理测量范式在一定程度上可以解释公众对于突发事件的认知，但是预制量表难以反映公众的真实态度和想法，没有考虑到突发事件中个体的差异性，比如身份、受害程度、人格、信任程度等因素对于风险认知的影响。另外，关于情绪对风险认知所起作用，有待进一步细化。

三、风险的社会放大框架理论

风险的社会放大框架（Social Amplification of Risk Framework，简称SARF）理论由卡斯帕森（Roger E. Kasperson）等于1988年提出。该理论整合了心理学、社会学、人类学和沟通理论的研究，由于突发事件与公众心理、社会、组织机构和文化以各种方式相互作用、相互影响，在沟通的过程中，风险有被放大或缩小的现象，该风险认知理论用于解释该现象发生的机制。如图2-2所示，所有的成分以沟通为链条，这些成分包括个人、群体、媒体、信息的过滤、信息的存储和加工。当突发事件发生时，信息通过各种渠道流向公众，公众基于突发事件中各种过程的相互作用对信息进行解释，并产生防范风险相关的行为，这些行为与环境相互作用，产生了次生的社会、经济结果，并增强或降低风险本身，放大的风险认知带来涟漪效应，包括持久的心理认知、对经济的影响和社会混乱等。这些次生变化导致第三级影响，然后依次传递。这一框架常被用来比较不同社会群体对同一突发事件的不同反应，或分析多个突发事件中的同一性质的风险认知。

信息传播是风险放大的关键部分，风险和风险事件通过风险信号（影响人们对风险的严重性或可控性的认知的一种灾害或者灾害事件的信息）被刻画出来，当风险信号通过各种各样社会和个人的"放大站"慢慢传播开来的时候，有可能发生转换，这种转换能够增大或减小有关某一事件的信息的分量，使一个消息某些方面的特征更加突出，或者重新解读和阐释现有的符号和形象，从而引起社会体系中其他参与者做出特定的再解读与反应。美国"9·11"恐怖袭击事件带来的后果对人们的行为、经济到社会的广泛影响为次级社会放大效应提供了例证。

风险社会放大模型从多学科的角度，考虑到心理、社会、制度和文化状态相互作用的方式对于风险认知的影响以及相应的公众风险行为变化，强调了同时也在一定程度上夸大了大众传媒的作用，因为除了大众传媒以外风险认知还受到知情程度、直接感受、个体的差异等的影响，所以大众传媒和风险认知之间的关系既不是间接的，也不是线性的，是非常复杂的。

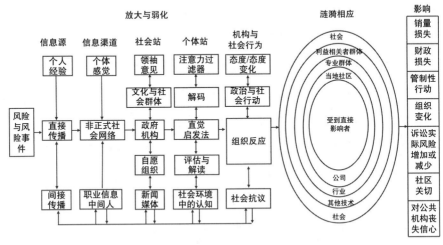

图2-2　风险的社会放大框架①

① 尼克·皮金、罗杰·E.卡斯帕森、保罗·斯洛维奇编著，谭宏凯译：《风险的社会放大》，中国劳动保障出版社2010年版，第5页。

四、情绪启发式模型

现代认知心理学和神经科学理论指出，人类在理解风险对象的时候有两条基本的途径。一条基本途径是"分析系统"，它利用数学和标准化的理性方法，例如，通过计算概率，用形式逻辑来进行危险评估。这种策略是相对缓慢的、费时费力的，并且要求有意识的控制。另一条基本途径是"经验系统"，它是直觉的、快速的，大多数是自动化的，并且经常没有意识的控制。这种经验性的系统能够使人类在长期的进化过程中生存下来，并且形成了对危险的普遍的自然的反应。这种系统把危险描述成一种感觉，这种感觉告诉我们顺着这条漆黑的道路行走，或饮用这种气味奇怪的水是否安全。传统的风险分析的支持者认为对危险的情绪性反应是不理智的。而现在的研究反对这种观点，他们认为理智性和经验性的系统是平行和相互依存的。在对风险进行判断时，我们将对以情绪为基础的经验系统的依赖称为情绪启发式。

情绪启发式是指人们根据自己的情绪体验来认知风险、判断和决策。在判断或决策过程中，情绪特征明显地依赖于个体的性格和任务，以及二者的相互作用。其一，在个体性格方面，情绪性反应的方式不同，对经验式思维的依赖程度也存在差异；其二，在任务方面，不同的任务可以用情绪进行信息评估的可能性、范围和程度的不同。这些不同导致刺激映像的感知性质被用几种不同的方式表征或解释，即产生不同的情绪和想象。

情绪在风险判断过程中起着非常重要的线索作用。理性思维要考虑事件的各种原因，从记忆库中提取样例，特别是在遇到复杂问题或者脑力资源有限时，非常困难且耗费精力。相比之下，情绪启发式更加高效。

关于情绪在风险判断和决策过程中所起的作用，研究者持有不同的观点，扎伊翁茨和达马西奥等认为情绪对个体判断和决策的影响是间接的，受到认知评价和决策偏好的缓冲。斯洛维奇和福加斯等则认为情绪对个体判断和决策有直接影响。

以往关于情绪对风险判断和决策的研究，更多的是从结果情绪（决策者设想的在对决策结果与其他可能结果进行比较后产生的情绪，是对决策后果可能会带来的情绪反应的预期）角度来进行。勒文泰斯和韦伯等在以往研究的基础上，提出了"风险作为情绪"的假设，认为情绪既可以作为决策与判断的结果，也可以作为决策、判断与风险认知的过程伴随反应。该假设包括两个方面：一是认为情绪与认知评价之间的决定因素是不同的，情绪可以独立于认知评价中介而产生；二是认为情绪和认知评价的相互作用决定了个体行为，认知评价对行为的影响部分受到情绪的中介。"风险作为情绪"观点的模型见图2-3。

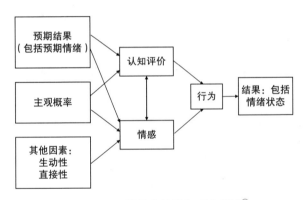

图2-3　"风险作为情绪"观点模型[①]

这种观点认为情绪和认知评价的决定因素是不同的，个体的认知评价更多地受到预期结果与主观概率影响；而人的情绪则与一些和认知评价相关甚小或几乎无关的因素相联系，如决策事件的生动性、结果的直接性和背景情绪等。这说明个体的情绪在很大程度上依赖于个体的想象能力及事件的可想象性。

"风险作为情绪"假设能够更好地解释风险决策中的一些特殊现象，

---

① 刘金平：《理解沟通控制公众的风险认知》，科学出版社2011年版，第84页。

如"确定性偏差"等，它为研究决策者情绪对判断和决策的影响提供了一个很好的理论框架。

五、社会—认知模型

大量的证据表明，认知因素和情绪因素在公众对突发事件的反应中，发挥了主要的作用。根据公众对突发事件的认知、情绪，可以预测其行为反应。比如当自然灾害等突发事件发生时，有些旅游的人，会改变行程避免去高风险的地方；比如新冠疫情期间焦虑情绪导致公众抢盐、抢药，大量囤积相关物资。研究发现，社会背景因素，比如公众对突发事件管理的看法，也会影响公众的行为反应和情绪反应。李（Lee）和勒米尔（Lemyre）提出了社会—认知模型。这一模型认为，情绪反应，比如焦虑，是公众对突发事件认知和社会背景因素评估的结果，描述了认知和社会背景因素对情绪反应的路径。模型描述的这些因素具有直接和间接的关系，情绪反应调节认知因素、行为因素和社会背景因素之间的关系。[1]

社会—认知模型考虑到影响公众对于突发事件反应的各种因素，整合了认知、社会背景、情绪因素，特别强调了背景因素的作用，探讨个体的风险认知和行为反应（见图2-4）。但是，其通过自我报告的方式采集研究数据可能会产生偏差，而且事后调查的方式有可能会产生随机的回忆错误，影响结果的准确性。另外，这一模型的不足在于以普通公众为研究对象，没有关注到政府、媒体、社会组织和社会团体，毕竟进行风险认知研究的最终目的是要制定出一系列可以减少风险，稳定社会的政策。

---

[1] Lee J E, Lemyre L. A Social—Cognitive Perspective of Terrorism Risk Perception and Individual Response in Canada [J]. Risk Analysis, 2009, 29(9): 1265—1280.

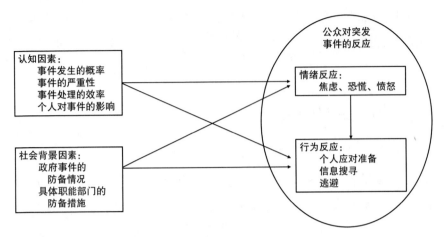

图2-4 社会—认知风险认知的社会认知模型

六、突发事件认知模型

朗弗德（2000）依据计划行为理论和社会学习理论提出了突发事件认知模型（见图2-5）。[①]

这一模型从概念上表征了突发事件中，人们的认知结构、对突发事件的认知和行为偏向的关系。其主要成分包括以下六个方面。

第一，世界观。世界观是指稳定的认知图式。个人特质、与他人和社会互动的经验和文化背景会影响世界观的形成。

第二，个人背景和环境，即个人的现实世界的状况，包括出生地域、社会经济地位、职业、生活方式、生活阶段（是否结婚，有没有孩子）、社会关系模式等。

第三，突发事件。包括突发事件的类型和特点等。刚开始发生时，人们是基于经验认知；随着时间推移，关于突发事件的信息增加，可能会改

---

① Langford I H, Georgiou S, Bateman I J, et al. Public Perceptions of Health Risks from Polluted Coastal Bathing Waters: A Mixed Methodological Analysis Using Cultural Theory[J]. Risk Analysis, 2000, 20(5): 691–704.

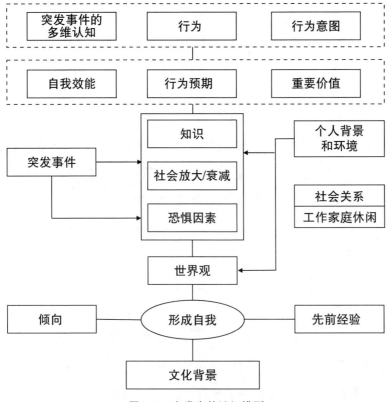

图2-5 突发事件认知模型

变人们对突发事件的认知。

第四，知识。不仅包括个人接触到的关于突发事件的信息，也包括对信息加工的方式。而信息加工方式又受个人对突发事件信息的兴趣、突发事件信息的公布程度、信息呈现方式的调节。

如果信息加工方式是细节处理方式，当兴趣程度高时，导致更加复杂的态度；当对突发事件的兴趣程度低时，低水平信息公布程度导致对信息的粗略加工，容易导致刻板态度[1]。基于不同的知识导致不同的态度，特定的突发事件问题可能会被放大或衰减[2]。例如2012年陕西延安卧铺客车

---

[1] Eiser J R. Attitudes, Chaos and the Connectionist Mind[M]. Oxford: Blackwell, 1994: 23—25.

[2] Pidgeon N, Kasperson R E, Slovic P. The Social Amplification of Risk[M]. Cambridge: Cambridge University Press, 2003: 1—10.

追尾事件中，陕西安监局局长在事故现场的微笑被"细节加工""高兴趣"的网友捕捉到，引发了对"政府官员"不负责任甚至是贪污腐败的猜测和联想，网友"人肉"搜集到的名表等证据更是让公众大跌眼镜，扩大了事件的负面影响。

第五，认知结果。在这一模型中，认知结果指个体关于自我、社会和突发事件的态度，可以划分为三部分，即自我效能、行为预期和重要价值。自我效能是指个体对于突发事件作出决策能力所需的信心或信念，简单来说就是个体对自己能够取得成功的信念，即"我能行"。例如，一个低自我效能感的个体面对突发事件时，可能会听天由命，无动于衷，不做努力；同时一个高自我效能感的个体面对突发事件时，会感到我必须做些什么来改善自己的处境，比如设法逃生或加入某一个群体等。行为预期被界定为个体对社会的预期反应、对具体突发事件直接责任机构的预期反应，包括信任（政府或组织）、问责（相关责任机构或责任人）等[1]。重要价值指的是个体由于个人原因或者出于对社会、环境的关心表现出对突发事件的重视和兴趣。显然，重要价值影响个体获得突发事件信息的数量和信息加工方式。

第六，认知、行为和意图。包括认知到突发事件的风险、情愿为降低突发事件的风险而努力、减少突发事件风险的行为和行为意图。

认知模型强调了风险认知与行为（意图）的关系。该模型认为公众对突发事件的认知态度影响行为意图，行为意图是影响行为最直接的因素。从信息加工的角度，以期望价值理论为出发点解释个体的风险认知与行为的关系。模型存在三点不足：首先，由于该模型涉及的概念较多，至今仍没有统一的界定，给实际研究中变量的测量造成不便，影响了模型的解释力；其次，该模型强调了突发事件中风险评价和应对过程中的认知成分，忽略了

---

[1]　Ashworth J, Sanford C. Risk, Science and Policy[M]. London: Royal Society, 1997: 12—15.

情感成分；最后，该模型提到突发事件中行为发生是从信念到信念评估然后产生行为意向并最终发动行为的理性过程，忽略了自动化加工的作用。

综上所述，不同的风险认知模型从不同的角度探讨风险认知的形成机制，每一个理论其侧重点不一样，也有其自身的假设和局限。由于风险认知既受到风险类别、信息通道、人口学变量、风险沟通与管理、人际背景等客观变量的影响，又受到个体人格、情绪、经验、态度等主观变量的影响，十分复杂。[①]因此，突发事件中的风险认知模型的研究还需要针对具体问题具体分析，针对具体的突发事件和研究目的建构具体的模型并开发相应的测量工具。

风险认知作为核心中介变量，在突发事件发生时对人们心理和行为过程产生了重大影响。通过科学手段，及时地直接了解、测量公众的风险认知程度，以及发生的条件和机制，为合理有效的风险调控奠定基础。所以，在突发事件的应急管理中，有必要通过对风险认知及其影响因素的合理调控，完善应急风险沟通管理体系，引导人们建立理性的风险意识和行为方式，避免或减轻灾害带来的影响，并恢复健康的心理状态，重建起对生活和未来的信心。

第三节　风险认知的影响因素

人们对风险的认知有很大差异，因为风险认知受到多方面因素的影响。

对于个体而言，风险认知受到自我概念、价值观、知识结构、信息加工水平、过往经历、神经敏感度等内在因素的影响。比如说很多人在经历灾难后会出现创伤后应激障碍，其中典型的症状就是对灾难再次发生的过

---

① 刘金平：《理解沟通控制公众的风险认知》，科学出版社2011年版，第99—100页。

度焦虑和恐惧，也就是我们所说的"草木皆兵"。这种对风险的放大和高估主要是由过往经历和神经敏感共同决定的。此外，事件性质、信息传播方式、信息公开程度等外部因素也会对个体的风险认知产生影响。

对于群体而言，风险认知更加复杂，除了上述因素以外还会受到群体氛围（团结的还是分裂的，民主的还是专制的）、群体成员互动方式（友好的还是冷漠的，信赖的还是怀疑的）、信息沟通传播状况（坦诚的还是虚伪的，及时的还是滞后的）等动态社会因素的影响。一些被专家评估或经过事后证明风险较低的事件，可能借由动态社会过程成为一个特别的关切和社会政治活动的中心。这是对风险的放大，夸大了风险发生的概率和危害程度。另外一些事实证明更为严重的灾害在当时却不那么受关注，比如说酒驾、吸烟等。典型的案例是2022年8月四川彭州山洪暴发时很多游客忽视管理人员的提醒和劝诫，最后造成7死8伤的严重后果。这是对风险的弱化，低估风险发生的概率和危害程度。还有一些情况下，人们对风险无中生有，或对风险来源，衍化路径、结果等作出与事实不符的错误判断，我们称之为风险误判。

此外，还有两个经常容易被忽略的隐性影响因素：情绪和信任。

一、情绪是风险认知中一个重要的评估机制

梅丽莎（Melissal L. Finucane）等通过实验研究，验证了时间压力情境下风险与收益判断的负相关关系。其中，时间压力情境的设置旨在限制分析思维的使用，增强受试者对情感的依赖。正如预期的那样，当时间压力被引入时，这种反比关系被加强了。时间压力减少了人们对数据驱动的、基于属性的处理策略的使用，并增加了对更全面的评估策略（即态度）的依赖。研究者还发现，提供旨在改变个体对某一事物（比如核能）整体情

感评价的信息，会系统地改变对该事物的风险和利益判断。[①]可见，在时间压力条件下，当认知处理困难时，人们往往依赖情绪过程来作出快速判断，这种通过对刺激项目的情感反应得出风险或收益评估，从而提高判断效率的认知方式称为"情绪启发式"。

在现实生活中，首先，时间压力是"应急"情境的应有之义；其次，大众对突发事件（如地震）或刺激对象（如食品添加剂）的知识储备通常十分有限；最后，大众对于一些突发事件缺乏知识、经验，即使专家也难以给出确定和一致的意见，如新冠病毒的来源及抑制方法等。因此，不难推测，我们大部分的风险判断和风险决策都不可避免地受到情绪的影响。情绪这一隐性影响因素的觉知对于风险管理是十分重要的。

二、信任是影响风险认知的重要因素

信任是指因相信而敢于托付，即因为对认知对象的能力、品质、价值等的认同，从而敢于把自己的相关利益托付给这些对象。信任体现了信任者与被信任者之间的一种依存关系，这种依存关系表示双方之间存在某种交换，存在利害相关，己方利益必须靠对方才能实现。

从心理学角度看，信任（人际信任）的经验是个人价值观、态度、情绪等交互作用的结果，是一种综合的心理状态。信任他人意味着必须承受可能受对方行为伤害的风险，因此，承担易受伤害的风险的意愿是人际信任的核心。

从管理学角度看，信任指基于对另一个人的意图或行为的积极预期，放弃对对方的监督和防范，宁愿暴露弱点，使自己处于具有风险的情境中，相信对方不会损害自己利益的信念。

---

① Melissal. Finucane, Alialhakami, Paul Slovic and Stephen M. Johnson. The Affect Heuristic in Judgments of Risks and Benefits[J]. Journal of Behavioral Decision Making,2000,13: 1-17.

对风险认知来说，信任是一个重要的概念。信任可以降低风险情境的复杂性，使人们能够保持在复杂环境中行动的能力，或者说在缺乏知识的情况下简化人们的决策。同时，信任也是构建更加复杂的技术和社会环境的必要条件。现代社会建立在社会分工基础上，个人的生存和社会的进步都更依赖于他人的正确履职，如果没有信任这一润滑剂，技术进步和经济发展就不可能实现。信任促使彼此不熟悉的个体间的互动合作成为可能。信任另一个人或机构总是会带来风险。然而，不相信他人也可能是有风险的，比如说丧失机会、增加成本等。

在风险领域使用的信任可以分为一般信任、社会信任和信心三个类别。

一般信任，是指带有个人特质性质的普遍信任，如乐观主义。一般信任与广泛的风险认知负相关，即那些倾向于无条件地信任他人（从没接触过的人）的人，更少地感知到与各种技术和社会危害相关的风险。一般信任影响对被未知的人欺骗的感知和体验某些技术的负面影响（即风险感知）。[①]

社会信任，是基于诚实的信任或基于对意图和价值观相似性的判断。风险领域的大量研究表明，人们信任与自己价值观相似的人/机构[②]。在社会生活中人们需要依赖（负责处理某些危险的）他人/机构，如消防部门。如果缺乏关于过去情境如何处理的具体信息，一个人必须依靠其他线索来决定是否信任负责使用或管理一项技术的行为者/机构。例如在新型冠状病毒刚刚开始流行时，公众对这一病毒的应对毫无经验，包括医疗机构、疾控机构也都是在摸索中前行。这时绝大部分公众都会选择听从医学/传染病学专家的建议，这种行为选择就是基于社会信任：相信彼此有共同的目标。

信心，是基于能力的信任，是建立在过去的经验或证据基础上的，这

① Siegrist, M. Trust and Risk Perception: A Critical Review of the Literature[J]. Risk Analysis,2021, 41(3): 480-490.
② Earle, T. C., & Siegrist, M. On the relation between trust and fairness in environmental risk management[J]. Risk Analysis, 2008, 28(5), 1395-1413.

些经验或证据表明，未来的事件将按照预期发生。大多数研究发现信任和信心是强相关的，但是区分两者在行为决策中的作用，探究两者之间的因果关系并不容易。有研究者将两者相结合，提出了信任、信心和合作（TCC）模型，该模型假设信任和信心影响合作意愿（例如，接受某些风险）[①]，且信任对信心具有因果影响。该假设得到了社会科学研究结果的支持，即道德信息比绩效信息更重要，前者影响了绩效信息的解释（De Bruin & Van Lange, 2000）[②]。这项研究表明，意识到另一个人伤害他人的意图比知道他/她的能力更重要。这一解释也得到了信任信号检测理论方法的支持（Eiser & White, 2006）[③]。该方法表明，误报率比正确决策率对信任的影响更大。

风险管理人员和风险管理机构通常认为高信任度和高信心水平是一种积极属性。然而，事实并非如此。高度的自信和信任也可能产生消极影响。为了澄清这一问题，特普斯特拉（2011）研究了影响人们防洪意识的因素，研究结果表明对风险管理的高信心导致较低水平的恐惧感并低估洪水发生的可能性，进而导致洪水防范意识的降低，即对洪水管理的高度信心会导致防备不足，从而带来更高的风险。[④]对相关部门风险管理有信心的人可能不认为有必要采取个人保护措施（Wachinger, Renn, Begg & Kuhlicke, 2013）[⑤]。可见在风险管理过程中，信任是一把"双刃剑"，需要善用。

[①]　Siegrist, M., Earle, T. C., & Gutscher, H. Test of a trust and confidence model in the applied context of electromagnetic field (EMF) risks[J]. Risk Analysis, 2003, 23(4), 705−716.
Siegrist, M., Earle, T. C., & Gutscher, H. (Eds.). Trust in cooperative risk management: Uncertainty and scepticism in the public mind. London: Earthscan.

[②]　De Bruin, E. N. M., and Van Lange, P. A. M. What people look for in others: influences on the perceiver and the perceived on information selection. Pers. Soc. Psychol. Bull. 2000, 26, 206−219.

[③]　Eiser, J.R. and White, M. P. (2006) A Psychological Approach to Understanding how Trust is Built and Lost in the Context of Risk Working Paper 12, Social Contexts and Responses to Risk Network (SCARR),http://www.kent.ac.uk/scar/.

[④]　Terpstra, T. Emotions, trust, and perceived risk: affective and cognitive routes to flood preparedness behavior[J]. Risk Analysis. 2011, 31, 1658−1675.

[⑤]　Wachinger, G., Renn, O., Begg, C., & Kuhlicke, C. The risk perception paradox—implications for governance and communication of natural hazards. Risk Analysis, 2013, 33, 1049−1065.

第三章

应急主观倾向

"正心为治国之道，积极乃发展之源。"唯有心安，才有民安，才有国安。加强社会心理服务体系建设，积极引导和改善个人、群体和社会的情感和行为，培育自尊自信、理性平和、积极向上的社会心态，是社会心理学服务社会治理的重要议题。

社会心态研究的目的是研究社会的理性化过程，社会共识的达成，社会核心价值观念的形成，致力于推动社会思考、社会进步和社会发展。社会心态又与需求、动机、认知、情绪等心理变量密切相关。

第一节　社会动机

一、动机与社会动机

动机是激发和维持有机体的行动，并将使行动导向某一目标的心理倾向或内部驱动力。[①]动机具有激发作用，使行为指向一定的目标，并起到在一定时间范围内维持和调节行为的作用。动机与行为密切相关，是决定

---

① 林崇德、杨治良、黄希庭主编：《心理学大辞典》，上海教育出版社2003年版，第223页。

行为的内生动力。

依据起源的不同，可将动机分为生理性动机和社会性动机。前者与有机体的生理需要相联系；后者与有机体的社会需要相联系。依据引起动机的原因不同，可将动机分为内在动机和外在动机。前者由有机体自身的内部动因（如激素、中枢神经的唤起状态、理想、愿望等）所致；后者则由有机体的外部诱因（如异性、食物、金钱、奖惩等）所致。[①]

需求是动机产生的基础和前提。

马斯洛的需求层次理论认为，需求是机体内部的一种不平衡状态，是个体活动的基本动力，是个体行为动力的重要来源，也是情绪反应的重要诱因。人类各种活动和行为，从饥则食渴则饮，到从事物质资料生产、文学艺术作品创作、科学技术发明，都是在需求的推动下进行的。

马斯洛把人类的需求分成生理需求、安全需求、爱与归属需求、尊重需求和自我实现需求五类，依次由较低层次到较高层次排列（见图3-1）。

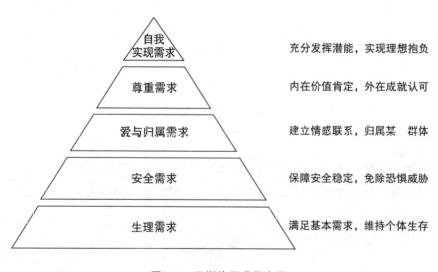

图3-1 马斯洛需求层次图

① 彭聃龄：《普通心理学》，北京师范大学出版社2012年版，第375—378页。

（1）生理需求。是人类维持自身生存的最基本要求，包括对食物、空气、水、睡眠、性的需求。生理需求是推动人们行动最首要的动力，优先满足以后，其他的需求才能成为新的激励因素。

（2）安全需求。是指人类需要确保人身、健康、资源、财产、工作和家庭的安全。

（3）爱和归属需求。包括对友情、爱情、亲情的需求。

（4）尊重需求。包括对自我尊重、彼此尊重、社会公平、相互信任、相互成就的需求，能使人对自己充满信心，对社会满腔热情，体验到自己的价值。

（5）自我实现需求。包括对实现理想、发展能力、发挥才能（创造力、自控力、应对问题的能力等）的需求。

一般来说，只有在较低层次的需求得到满足之后，较高层次的需求才会有足够的驱动行为（也有例外）。已经满足的需求，不再是激励因素。

肯里克（D. T. Kenrick）等人根据进化心理理论，将基础动机与群居生活中的威胁、机会相结合，充实并整合了马斯洛的需求层次理论，提出了基础社会动机体系。该动机体系包括七个方面[1]：

（1）自我保护，即保护自己不受其他人伤害的动机。

（2）疾病防御，即避免被疾病传染的动机。

（3）关系形成，即形成友谊、同盟或从属于某群体/组织以获得盟友的动机。包括群体归属、排斥担忧和独处倾向三个子维度。

（4）地位寻求，即通过成功、权力、财富等获得较高地位以及与之相关的威望、声誉、威信的动机。

（5）伴侣寻求，即寻找帮助自己把自己的基因传递给下一代的人

---

[1] Kenrick, D. T., Griskevicius, V., Neuberg, S. L., & Schaller, M. Renovating the pyramid of needs: Contemporary extensions built upon ancient foundations. Perspectives on Psychological Science, 2010, 5(3), 292−314.

（交配对象）的动机，包括恋爱对象、配偶、性伴侣等。

（6）伴侣维系，指保持伴侣对自己的忠诚、防止别人夺走自己伴侣的动机，包括伴侣维系和分手担忧两个子维度。伴侣维系指投入大量时间、精力、金钱维持与伴侣的关系，降低伴侣被夺走的风险；分手担忧指对失去伴侣的担心。

（7）家庭关爱，指照顾子嗣（包括自己的和亲戚的）以及家庭成员的动机，包括关照家人和养育子嗣两个子维度。

在基础社会动机系统中，当前处在激活状态的那种动机决定行为的选择并引导行为方向。其他当前未被激活的动机则处在背景中。基础社会动机的激活线索包括两类：外在线索和内在线索。外在线索包括宏观环境和具体情境线索，如地区的性别比例的明显差异会慢性激活伴侣寻求动机；高犯罪率的城市，人们的自我保护动机更强；人口流动频繁的地区，群体从属动机水平更低。具体情境线索包括直接体验、回忆、看报道、想象等，具体情境线索都会激活相关动机，如听到周围有人打喷嚏、咳嗽，闻到难闻的味道，看到别人皮肤异常，会激活疾病防御动机；看到贫穷饥饿的婴幼儿或与已被视为亲人的好朋友在一起，会激活家庭关爱动机。

在内在线索方面，已有研究主要探讨了生物学因素的影响，如激素分泌对诱发基础社会动机的作用。研究发现，排卵期的女性孕激素水平高，伴侣寻求动机更强，更关注男性。[1]

---

[1] Gangestad. S. W., Thornhill. R. Women's preferences for men's scents associated with testosterone and cortisol levels: Patterns across the ovulatory cycle[J]. Evolution and Human Behavior, 2013, 34(3): 216-221.

二、社会动机与社会治理的关系

（一）社会动机对社会秩序的影响

社会动机对社会行为有广泛影响，会激发、调控群际关系、从众、亲社会、攻击、风险/跨期决策、投资、消费等多领域的认知与行为。其中，亲社会行为促进社会规范的遵守和良好社会风气的形成，攻击、群体间敌视与社会冲突直接相关，从众、风险/跨期决策、投资的投机性与单一化偏好等决定行为的理性程度。当激发个体或群体的某种社会动机的条件持续存在时，它会持续影响个体及区域人群的相关行为，持续影响社会经济秩序。因此，社会动机是评估社会秩序稳定水平的重要心理指标。

（二）社会动机对民生感受的影响

心理需要引发动机，动机决定行为。动机的强烈程度与社会生活中某种基础需要的满足程度相关。因此，基础社会动机与民众对生活质量的综合感受——获得感、幸福感、安全感相关。

获得感是在一定的社会环境下，人们通过个体努力，在物质和精神方面得到一定提升、肯定和奖赏后产生的认知和情绪体验。

幸福感是个体依据自身标准对其生活质量所进行的综合性评价。[1]研究显示，健康、自尊、社会支持影响人们对生活的评价，也影响幸福感。[2]因此，关系形成、伴侣寻求、伴侣维系、家庭关爱、疾病防御、地位寻求等动机的达成，可以预测人们产生了幸福感。

安全感是在一定社会环境下，个体对于不确定性和不安全的感受，是一种综合性的感受，渗透到社会生活的各个层面。已有研究显示，社会支

---

[1] Diener, E. Subjective well-being[J]. Psychological Bulletin, 1984, 95(1), 11-58.

[2] Davis, M. H., Morris, M., & Kraus, L. A. Relationship-specific and global perceptions of social support: Associations with well-being and attachment[J]. Journal of Personality and Social Psychology, 1998, 74, 468-481.

持与资源拥有量可以降低对威胁的评价、减缓对威胁的心理与生理的应激反应[1]、减少恐惧[2]、增加安全感[3]。自我保护、疾病防御、排斥担忧、分手担忧等防御型动机和保障子嗣存活的子女养育动机被激活时，人们对社会性威胁更敏感，无论是对自己或子嗣的生命、健康的威胁，还是对亲密关系的威胁，人们更容易担心失去社会支持，不确定感更高。地位寻求、伴侣寻求等获取型动机强烈时，人们更容易感到自己的物质与社会资源不足，安全感更低。因此，基础社会动机体系很可能影响并调控人们的安全感。

心理需要引发动机，动机决定行为。当行为过程及其结果让需求得到满足时，需求和动机水平降低，主体获得"三感"；反之，当行为不能满足需求时，则需求和动机水平都会增强，从而激发更强烈的行为。

可见，社会动机是预测社会行为的重要指标，是评估民生感受的重要参照，也是提高社会治理水平的重要着力点。

第二节　社会情绪

一、情绪与社会情绪

情绪是以个体愿望和需要为中介的心理活动，是关于客观事物是否满

---

[1] Eisenberger, N. I., Master, S. L., Inagaki, T. K., Taylor, S. E., Shirinyan, D., Lieberman, M. D., et al. (2011). Attachment figures activate a safety signal-related neural region and reduce pain experience. *Proc. Natl. Acad. Sci. U.S.A.* 108, 11721–11726. doi:10.1073/pnas.1108239108.

[2] Jetten, Jolanda, Mols, Frank, Healy, Nikita, and Spears, Russell (2017). *"Fear of falling": economic instability enhances collective angst among societies' wealthy class. Journal of Social Issues.* 73 (1): 61–79.

[3] Hornstein, E. A., and Eisenberger, N. I. (2018). A social safety net: developing a model of social-support figures as prepared safety stimuli. *Curr. Dir. Psychol. Sci.* 27, 25–31.

足主体愿望和需要的感受和体验。

社会情绪与个人情绪紧密关联，但又不同于个人情绪。社会情绪指的是某些群体或整个社会大多数人所共享的情绪体验，反映了在一定社会环境中社会成员的需要是否得到了满足。一方面，主体群体性是社会情绪区别于个人情绪的首要特征。另一方面，社会情绪的生成和传播依赖个人情绪，但社会情绪不是个人情绪的简单叠加，而是个人情绪的同质性集体化或社会化。

二、社会情绪生成机理

埃利斯（Albert Ellis）的合理情绪理论认为我们的情绪（C）并不是由客观事件（A）直接引发的，而是客观事件经由主体对事件的看法（B）造成的。其中涉及三个主要的变量，分别是A（Activating event）指发生的事件、B（Belief）指个人对事件所持的信念、C（Consequence）信念引起的情绪和行为后果。与个体情绪类似，社会情绪的产生是社会情境刺激和社会认知共同作用的结果。

社会情境刺激是社会情绪生成的外在起因和客观前提。社会情境刺激包括各种能被人们感知到的对人们的心理、生理和行为产生直接影响的社会事物、事件、情景、境况等。比如说2020年新冠疫情在全世界范围内的大流行、2021年中国成功举办冬奥会、天安门观看升旗仪式等。社会情境刺激具有客观性、可感知性和直接关联性的特点。社会情境刺激是社会情绪生成的"刺激源"或"导火索"，是社会情绪生成的必要条件之一。

认知评价是社会情绪生成的关键环节和中间桥梁。社会情绪是由社会情境刺激引发的，但是同样的情境刺激产生何种情绪，情绪的强度如何则取决于人们对社会情境刺激的认知评价，即人们对社会情境刺激与主体的关系、其价值和意义作出评价。

认知评价具有主观性，个体的认知受到人格特质、解释风格、价值观念、需求、社会支持系统、记忆性选择、心理防御机制等多种因素影响。与个体情绪相比，社会情绪更加复杂，其认知评价除了受个体认知影响因素的影响之外还受到群体价值观、群体氛围、成员互动方式、信息传播状况等动态因素的影响。因此，对于相同的社会情境刺激，不同的社会成员、社会群体往往会生成不同的社会情绪。其中，社会需求和社会价值观是社会情绪生成过程中最重要的内在动因和深层要素。

三、社会情绪的社会治理价值

社会情绪往往指向一定时期、特定社会区域广大民众比较关注的社会问题或影响重大的社会事件。以我国为例，引发社会情绪的往往是当前民众比较关注的贫富差距、社会公德、食品安全、环境污染、领土安全等问题，以及在国防、科技、经济、文化等领域重大成果的取得、重要事件的处理等。

因此，社会情绪既是民众社会心态的真实流露，也是政治生态的"晴雨表"、社会事件的"助推器"和社会信心的"温度计"。通过关注社会情绪状况，我们可以了解社会政治、经济、文化发展的现实状况，预测社会信任度和社会共识度，及时发现社会弊端，预见社会矛盾和社会危机。由此可见，关注社会情绪具有十分重要的时代价值和实践意义。

四、社会情绪的测量

情绪是一种非常复杂多变的心理现象，复杂到用语言符号很难穷尽。社会情绪是一种群体心理现象。我们描述群体的情绪状态，分析群体情绪产生的原因，预测群体情绪的变化趋势，对群体情绪进行正向引导，并对非理性的极端情绪进行有效的调控，对社会稳定非常有意义。我们可将社会情绪操作定义为情绪效价、情绪的核心成分、情绪强度、情绪的辐合程度、情绪的影响范围五个二级指标。

1．情绪效价是指情绪积极的还是消极的。积极情绪是指那些愉悦的，有益于工作和生活的情绪。与积极情绪相反，不利于主体完成工作或者正常思考的情绪即是消极情绪。

2．情绪的核心成分。心理学把个体的基本情绪分为喜、怒、哀、乐、爱、恶、欲，基本情绪又可以组合成更加丰富的复合情绪，包括焦虑、懊悔、自豪、羞耻、嫉妒、仇恨、希望、平静、郁闷、冷漠等。在社会群体中，由于构成主体的多样性和关系的复杂性，社会情绪呈现出更加复杂多样的态势，其中，最核心的情绪成分起主导作用。因此，在社会心态研究中，我们更关心的是在一定的社会背景下起主导作用的1—3种情绪成分。

3．情绪强度（情绪唤醒水平）是指情绪引起的内心和身体行为的激动程度，在具体操作层面可以通过李克特五点计分法（Likert Scale）进行量化评估。

4．情绪的辐合程度。"辐合"与"发散"是相对的。这里的情绪辐合程度是指群体中情绪的一致性程度，即当某一社会事件发生时，在社会群体中引发的情绪是相对一致的，还是相对独立的、各有不同的。

5．情绪的影响范围指某种情绪在社会群体中覆盖人群的范围以及人群中受此情绪影响的比例。

从社会应急管理的角度来看，强度越大，辐合程度越高，影响范围越广的负面情绪，如仇恨、愤怒、焦虑等，越容易引发社会集群事件，形成社会不安定因素，越需要及时进行干预调控。

第三节 社会心态

一、社会心态的定义

20世纪90年代以来，中国社会的改革巨变和迅速发展使得"社会心态"成了一个比较热门的研究词汇。社会心态的研究成为心理学本土化和社会心理服务体系建设的重要议题。因此，对社会心态这一概念进行清晰的界定是非常必要的。

汝信（1988）在《社会科学新词典》中的界定：社会心态是一种群体现象，是一个社群的群体心理，它并非参与其中之个人的心理总和，而是与个人心理绝对不同的现象。社会心态具有某种强制力，个人可以感受到也可能感受不到它的集体力量，却自觉或不自觉地服从它。社会心态是一定时代的社会、文化心理和观念及其反映的总称。心态构成了特定社会的价值—信仰—行动体系，这一体系常以集体无意识的形式积淀在特定的文化中，并构成了这一文化最基本的层次。该定义强调了社会心态的宏观整体性和强制影响力。

杨宜音（2006）将社会心态定义为：一段时间内弥散在整个社会或社会群体、类别中的宏观社会心境状态，是整个社会的情绪基调、社会共识和社会价值观的总和。社会心态与主流意识形态相互作用，通过社会认同、情绪感染等机制，对于社会行为者形成模糊的、潜在的和情绪性的影响。它来自社会个体心态的同质性，却不等同于个体心态的简单加总，而是新生成的、具有本身特质和功能的心理现象，反映了个人与社会之间相互建构而形成的最为宏观的心理关系。[①]该定义将社会心态理解为由表及里的三个心理层次——社会情绪基调、社会共识和社会价值观，抓住了问题的关键。

马广海（2008）认为，社会心态是与特定的社会运行状况或重大的社会变迁过程相联系的，在一定时期内广泛地存在于各类社会群体内的情绪、情感、社会认知、行为意向和价值取向的总和。它属于社会心理的动态构成部分。对比其他人的概括，该定义对社会心态做了相对狭义的理解：（1）强调引起或产生社会心态的社会条件的特殊性。就是说引起社会心态变化的不是一般的群体物质生活条件或社会生活方式（这种条件所决定的常常是社会心理的相对稳定的构成部分），而主要是在社会运行中具有特殊的历史影响意义的社会变迁过程。（2）社会心态的内容不同于一般的社会心理内容，它主要是直接反映当前社会运行或社会变迁的动态的、具有强烈的情感情绪色彩的心理活动内容。相对来说，社会心理的内涵比社会心态要广泛得多。（3）社会心态具有即时性、动态性、直接性等较"表面性"的特征，是较易被感知、被认识到的心理层面的内容。[②]

王俊秀（2013）认为，社会心态是在一定时期的社会环境和文化影响下形成，并不断发生着变化的，多数成员或较大比例成员表现出的普遍的、一致的心理特点和行为模式，并构成一种氛围，成为影响每个个体成员行为的模板。[③]

综上所述，社会心态具有以下四个特点。（1）是一种群体心理现象，不同于个人心理特征的简单相加，而是个人与社会之间相互建构而形

---

① 杨宜音：《个体与宏观社会的心理关系：社会心态概念的界定》，《社会学研究》2006年第4期，第117—132页。
② 马广海：《论社会心态：概念辨析及其操作化》，《社会科学》2008年第10期，第66—73页。
③ 王俊秀：《社会心态的结构和指标体系》，《社会科学战线》2013年第2期，第167—173页。

成的宏观的心理关系；（2）受社会环境影响，尤其在特定的社会运行状况或重大的社会变迁过程中表现明显；（3）包含社会认知、社会情绪、社会价值观和社会行为（倾向）四个方面；（4）以潜移默化的方式影响社会成员的行为，具有宏观整体性和潜在的强制性。

二、社会心态的内容结构和测量

（一）四元二阶模型

王俊秀（2013）借鉴心理学认知、情感、意志、行为的分类方式，结合社会心理学和社会学的研究成果，根据社会心态研究实践，从社会认知、社会情绪、社会价值和社会行为倾向四个方面考察社会心态，提出了社会心态指标体系，并对每个二级指标进行了解释。其中一级指标由社会认知、社会情绪、社会价值和社会行为倾向构成（见图3-2）。构成社会认知的二级指标包括社会安全感、社会公正感、社会信任感、社会支持感、社会认同与归属感、社会幸福感、社会成就感和社会成员自我效能感等。构成社会情绪的二级指标包括社会焦虑、社会冷漠、社会愤恨、社会痛苦、社会愉悦、社会浮躁和社会贪欲等。构成社会价值的二级指标包括国家观念、道德观念、公民观念、公私观念、责任观念、财富观念、人际观念、权力观念和文化观念等。构成社会行为倾向的二级指标包括公共参与、利他行为、歧视与排斥、矛盾化解策略、冲突应对策略、生活动力源等。[①]

---

① 王俊秀：《社会心态的结构和指标体系》，《社会科学战线》2013年第2期，第167—173页。

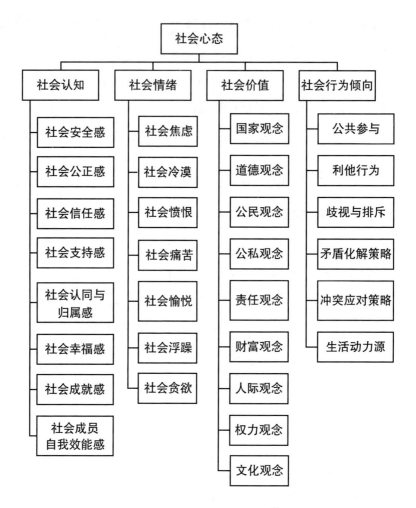

图3-2 社会心态指标体系[①]

（二）五元三阶模型

王俊秀（2014）根据以往社会心理学、社会学研究的一些理论和成果，并考虑到社会心态研究的目的，以及社会心态研究实践，对之前的社会心态指标内容结构作出了修改，提出了一个由五个一级指标构成的社会心态指标体系（见图3-3），分别是社会需要（包含个体需要和群体需

---

① 王俊秀：《社会心态的结构和指标体系》，《社会科学战线》2013年第2期，第167—173页。

要）、社会认知（包含个体社会认知、群体社会认知和社会思维）、社会情绪（包含基本情绪、次级情绪、情绪氛围）、社会价值观（包含个体价值观和社会价值观）和社会行为（包含理性行动和非理性行动）。[1]

在二级指标中，该体系更关注其中"群体"的部分，例如社会需要中的群体需要，它的下一级指标是基本需要和中间需要。社会认知中的群体社会认知和社会思维。群体社会认知的下一级指标是群体社会认知的结果，包括幸福感、安全感、社会支持感、社会公正感、社会信任感、社会成就感、效能感、社会归属感等。社会情绪中的情绪氛围，即社会情绪的初级状态，它的下一级指标包括焦虑、怨恨、浮躁、愉悦、平静、郁闷、冷漠等。社会价值观隐含在社会结构及制度之内，包括社会化、社会控制、社会规范及社会奖惩等。社会行动包括经济行动、公共参与、歧视与排斥、攻击行为、矛盾化解、冲突应对、利他行为、道德行为、情感行为等。

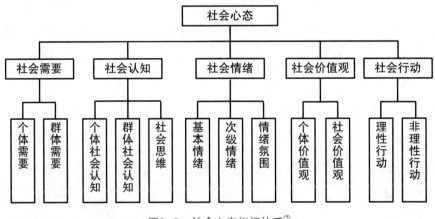

图3-3 社会心态指标体系[2]

该指标体系在2013年版四元二阶模型的基础上增加了"社会需要"作

---

① 王俊秀：《社会心态：转型社会的社会心理研究》，《社会学研究》2014年第1期，第104—125页。

② 王俊秀：《社会心态：转型社会的社会心理研究》，《社会学研究》2014年第1期，第104—125页。

为一级指标，并在每个一级指标中加入了"个体"的内容，将个体心态融入社会心态的研究框架。其优点在于，这样做使社会心态的指标体系更加完整。王俊秀关于社会心态指标体系的研究为后续的研究奠定了良好的基础，同时也提出了一些开放性的问题有待进一步探讨，比如，个体思维怎么成为群体思维、社会思维？社会共识如何达成？社会共识如何推动社会成长、社会发展和社会进步？社会情绪是如何联结社会认知、社会价值观和社会行为倾向的？个体情绪如何逐渐成为社会情绪？社会情绪是如何传染和传播的？目前主流社会价值观是什么？社会核心价值观念是如何形成的？社会价值观如何影响社会变迁和转型？中国传统文化下的价值观念与西方价值观念如何影响个体和社会价值观念？

三、社会心态的研究

中国社会科学院社会学研究所社会心理学研究中心"社会心态蓝皮书课题组"每年都对国民的社会心态进行调查研究并形成《中国社会心态研究报告》，从安全感与公平感、获得感与幸福感、社会交往与社会参与三个方面，描绘并系统分析中国社会转型中民众社会心态的特点和变化。

在新冠疫情期间，我国很多学者关注了社会心态的变化，并且通过问卷调查的方法对社会心态进行了研究，如王俊秀、应小萍（2020）通过对七个时间段内湖北省内外公众在风险认知、社会情绪、社会行动三个方面的心理和行为认知，以及公众对信息管理、医疗物资、防护物资、生活资源供应情况评价的调查，了解疫情应急响应状态下的社会心态。[1]王俊秀、张衍（2022）基于五轮大规模调查，重点分析了疫情暴发、疫情下降、疫情缓和、疫情常态化和疫情高速传播时期民众在风险认知、社会情

---

[1] 王俊秀、应小萍：《认知、情绪与行动——疫情应急响应下的社会心态》，《探索与争鸣》2020年第4期，第232—245页。

绪和未来预期等方面的心态特点及其变化，以及不同群体在这种阶段性变化中的差异。研究发现，两年多以来，民众虽然对整体疫情情况仍然较为关注，但关注程度不断下降，整体情绪变得更积极，未来预期也更乐观，表明民众对疫情已逐渐适应。[①]

社会心态研究除了使用传统的社会心理学方法，如抽样调查、文献资料分析、访谈法、心理测量等，也逐渐发展出一些新的方法，如社会表征法，通过流行语、委婉语的使用分析社会心态；如大数据法，通过互联网的海量数据挖掘社会群体涌现出的心理行为规律。针对具体问题和在局部研究中，我们可以根据研究的具体情况灵活使用实验、问卷调查、访谈、资料分析等各种方法，而在宏观层面则宜采取整合的策略，借鉴社会学中的指数研究方法，来研究社会心态的整体状况。

四、应急情境下的社会心态

应急管理指"应用科学、技术、规划与管理，应对能造成大量人员伤亡、带来严重财产损失、扰乱社会生活秩序的极端事件"[②]，应急管理的核心任务是挽救生命和财产。极端事件是应急管理的重要背景。在此背景下，社会心态会呈现出不寻常的特点，包括流言的传播、恐慌情绪传播、救助或冷漠行为等。在一定社会环境下，紧急事件与社会心态相互影响、相互作用，共同构成了应急状态的复杂形式，对应急管理工作的开展产生直接的影响。因此，在应急管理过程中我们不仅要关心"事态"，更要关心"心态"。

日本社会学家大矢根淳等（2017）提出了"灾时行动模式"来全面分

---

① 王俊秀、张衍：《风险认知、社会情绪和未来预期——疫情不同阶段社会心态的变化》，《社会科学战线》2022年第10期，第220—137页。

② 迈克尔·K.林德尔等：《公共危机与应急管理概论》，中国人民大学出版社2016年版，第5页。

析社会应急响应和应急管理工作。他认为人们在认知、情绪、行动、社会和物资层面进行紧急行动，可以减少和避免灾害带来的生命损失。[①]

在此基础上，王俊秀（2020）提出了新冠疫情全社会应急响应的心理和行为分析框架，如图3-4所示，这一框架包括认知、情绪、行动和资源四个层面。前三个方面构成社会心态的主要内容，资源层面构成社会心态的背景，每一个层面分别包含不同的指标。研究者以此为依据进行了问卷调查。社会心态反映出的负向情绪问题有助于疫情防控政策的调整；反映出的创伤应激问题为日后社会治理和社会心理服务体系建设明确了方向。

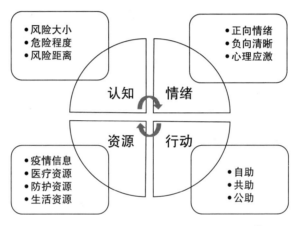

图3-4　应急响应下的心理和行为分析框架[②]

为了对应急情境下的社会心态进行深入的研究，在其他学者研究的社会心态理论模型的基础之上，笔者以埃利斯合理情绪理论、马斯洛需求层次理论和社会系统理论为基础，借鉴社会心理学、社会学关于社会心态研究的实践，提出了应急情境下社会心态指标体系的四元二阶模型（见图3-5）。

---

① 大矢根淳等编著，蔡骐、翟四可译：《灾害与社会 1：灾害社会学导论》，商务印书馆2017年版，第99页。

② 王俊秀、应小萍：《认知、情绪与行动——疫情应急响应下的社会心态》，《探索与争鸣》2020年第4期，第232—245页。

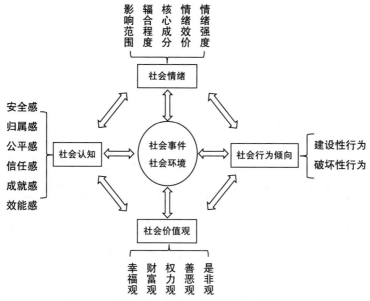

图3-5 应急情境下社会心态指标体系模型

首先，社会心态是在一定社会环境下形成的，或是由一定的极端社会事件引发的。因此，社会环境、社会事件是社会心态产生和存在的物理条件和现实基础。社会环境既包括一定社会范围内的政治、经济、文化"软环境"，也包括气候、地形等自然条件形成的"硬环境"。社会事件包括社会变革、转型、战争、经济危机、自然灾害、公共卫生事件等对社会正常秩序及发展轨迹产生重大影响的社会事实。同时，社会心态不是被动地对社会事实的反映，它在一定程度上影响和促进了社会结构的变化、社会变迁以及具体事态的发展方向和进程。

其次，借鉴心理学认知、情感、意志、行为的分类方式，我们将社会心态划分为四个 级指标：社会价值观、社会认知、社会情绪、社会行为倾向。社会需要也是群体行为的重要动因，但是社会需要对社会心态的影响以社会认知为中介。以战争为例，有些国家发动战争是因为自身安全受到威胁，即源于安全需要没有被满足的主观认知；有些国家发动战争是因为经济危机，即源于满足生存的物质需要无法被满足的主观认知。因此，本理论模型中并不包含社会需要，但是社会需要的动力功能通过社会认知得以体现。两者的关系详见表3-1。

表3-1 源于社会需求满足情况的社会认知

社会需求	社会认知
生理需求、安全需求	社会安全感
爱和归属的需求	社会归属感
尊重需求	社会公平感、社会信任感
自我实现的需求	社会成就感、社会效能感

最后，应急情境下社会心态研究的意义就在于对社会行为的预测与调控。因此，我们应选择与社会行为高度相关的心理要素作为社会心态的测量指标。具体的指标划分及定义如下：

1. 社会价值观

价值观是关于价值的看法、观念，是关于主体对客体重要性的评价和选择标准。当某种价值观念普遍被社会成员所接受时，它便成为一种社会价值观。社会价值观是一定社会所共同具有的，对于区分事物好坏、判断事物是否具有价值以及具有何种价值的根本看法。社会价值观是社会文化的重要组成部分，通常隐含在特定的社会结构及社会制度之内。

由于价值包含的内容难以穷尽，根据研究目的，本研究只选取一些对于社会安全稳定和人民幸福具有普遍意义的，更具有社会价值的基本理念，包括是非观、善恶观、权力观、财富观、幸福观五个二级指标。

社会是非观是社会对于是非对错的理性判断标准，主要体现在社会的法律、规章、制度中。

社会善恶观是社会对于是非对错的感性判断标准，主要体现在社会的道德中。

社会权力观是指人们对权力的总的看法，既包括对权力的来源、权力的保障、行使权力的方式、权力的服务对象等问题的认识和态度，也包括当群体中出现不同的主张和观点时，优先权的选择和判断。例如，当集体与个体之间，男性与女性之间，国家与公民之间，长辈与晚辈之间发生利益或主张冲突时，谁服从于谁。

社会财富观是指社会群体对于财富的理解和认识，包括对为什么创造积累财富、如何获得财富、如何使用财富的看法。

社会幸福观是指人们对幸福的根本看法和态度。包括幸福的具体内涵、判断幸福的标准、实现幸福的途径等。

2. 社会认知

社会认知强调在社会群体中人们对某些社会现象的相对一致的认识或理解。社会成员的共识是形成社会心态的认识基础，它对于社会心态的其他方面特别是情绪方面的影响也十分重要。根据马斯洛需求层次理论，社会认知可以划分为社会安全感、社会归属感、社会信任感、社会公平感、社会成就感、社会效能感六个二级指标。

社会安全感是指社会群体对于所处环境的安全、风险状况的较为普遍、一致的认知和感受。

社会归属感是指社会成员对于自身认同并自我归类于某一组织，由此获得存在感、被接纳感等感觉的普遍认知。

社会信任感是指与对社会、人际关系、组织的信任相关的认知和感受。

社会公平感是对社会、团体、组织中公平、公正、正义的认知和感受。

社会成就感是社会成员对其在社会中自我价值实现的感受和对于整个社会发展的认同。

社会效能感是指社会成员对于自身是否能够完成某项行为，达到预期目标的推测与判断。

3. 社会情绪

社会情绪指的是某些群体或整个社会的大多数人所共享的情绪体验，它反映了在一定社会环境中社会成员的需要是否得到了满足。社会情绪划分为情绪强度、情绪效价、核心成分、辐合程度、影响范围五个二级指标。（详见第三章第二节）

4. 社会行为倾向

行为倾向并非行为，它是一种行为的准备状态，深刻影响着一个人的言行。社会行为倾向是集体行动的准备状态，受社会情绪、社会认知和社会价值观的影响，这些社会心态成分合力促成了社会行为倾向。社会行为倾向可以划分为两个二级指标：建设性行为和破坏性行为。

建设性行为是指对事物的发展起到积极推动作用的行为。如利他、合作、有效沟通、承担责任等行为。

破坏性行为是指导致破坏性后果的行为。如自私自利、相互攻击、冲突、歧视、排斥等行为。

第四章

应急社会互动

社会互动（社会相互作用/社会交往）指的是主体对他人采取社会行动或对对方做出反应性社会行动的过程。

社会互动的主体可以是个体，也可以是群体。社会互动包括人际沟通、人际关系以及人际关系中的典型行为——冲突与合作，利他与侵犯等。在社会互动的过程中我们与他人相互作用，相互影响。社会互动在个体思维成为群体思维，个体情绪影响社会情绪，社会共识达成，社会主流价值观形成的过程中，起着重要作用。在应急管理领域，不良的社会互动既可能是导致风险情境的原因，也可能是风险情境造成的结果。在风险发生发展的过程中，社会互动也会对事件发展的走势产生重要的影响。

第一节　应急社会沟通

一、沟通的内涵

沟通是指人与人之间的信息交流。沟通是人与人之间发生联系的最主要的途径。沟通的广度和方便程度是生活质量的重要体现。

二、沟通的意义

（一）从个体角度看

沟通为个体身心发展提供必需的信息资源。心理学家赫隆的"感觉剥夺"实验证明，与外界环境的信息交换是人正常生命活动所必需的，如同物质交换维持个体的正常的生理需求一样，人际沟通进行信息交换也是维持身心健康发展，满足精神需求，维持个体正常的生命活动的必要条件。

沟通是自我概念形成的途径。人的自我概念是在与他人的沟通中逐步发展起来的，并且在共同过程中保证自我作用的发挥和自身的不断提升和完善。

人们通过沟通交换信息并建立和维护相互关系。沟通与人际关系的建立和维持有十分紧密的联系。

（二）从群体的角度看

沟通使情绪和认知在群体内得以分享，形成共享情绪，达成社会共识，提升群体认同感和群体凝聚力。

沟通是达成群体（组织）目标的必要途径。组织目标的达成需要以信息在群体内和群体间的有效流通为前提。

三、沟通的条件

巴克尔（Barker，1987）的沟通过程模型描述了沟通过程的七个要素，包括信息源、信息、信息通道、信息接收者、反馈、障碍和背景。见图4-1。[1]

---

① 金盛华：《社会心理学》，高等教育出版社2020年版，第212页。

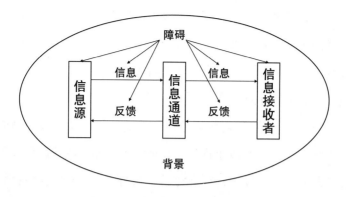

图4-1 沟通过程与结构要素图

1．信息源是信息的发出者，在沟通过程中具有一定的主动权，可以自主确定沟通目的，选择沟通的对象和沟通的方式。在发出信息前，信息发出者需要进行信息筛选和编码，以确保沟通目的的有效达成。

2．信息是沟通的内容。信息发出者会将试图传递给对方的观念和感受，经过编码转化为可传递和接收的信号，包括语言、文字、表情等。其中，语词具有强大的抽象指代功能，是最重要的沟通信息符号，极大地提高了沟通的深度和广度。

3．信息通道是指信息传递的方式或媒介，既包括我们的眼睛、耳朵、嘴巴、躯体等直接发出和接收信息的身体器官，也包括我们身体以外的各种媒介，如电话、电视、广播、网络等。

4．信息接收者是指接收信息的人。在沟通的过程中，信息接收者不只是被动地接收信息，而是在个人经验的基础上对信息进行积极的选择加工。因此，信息从发出者到接收者的过程中会发生一定程度的变异。

5．反馈是指沟通中信息的接收者将沟通的结果反过来传送给信息发出者。反馈让沟通形成了一个有回路的完整互动的过程。信息发出者通过反馈了解信息接收者对于信息的理解状态，及时作出相应调整，提高沟通的有效性。

6．障碍是指在沟通过程中给沟通带来阻力或使沟通无法顺利完成的因素。沟通障碍的来源多样，可能是因为信息发出者目标不明确、编码不准确、选择的沟通方式不恰当；也可能是因为信息本身模糊；也可能是因为信息接收者的理解力有限；也可能是由于信息发出者和接收者在个性、经验、地位、文化等方面的差异。

7. 背景指的是有可能对沟通造成影响的环境因素。包含物理环境，如温度、光线、噪声、环境布置等；心理背景，如心境状态积极程度以及沟通双方彼此的悦纳程度等；社会背景，如沟通方式与社会角色关系的适恰性以及沟通时的人际环境氛围等；文化背景，如内化了的价值观和行为习惯等。

四、大众沟通和新型沟通

大众沟通是指通过广播、电视、报纸、杂志等大众媒介实现的信息交流，其特点在于受众广泛，影响深远。尤其是在社会风险事件发生时，大众沟通发挥着重要的作用。比如在2003年的"非典"疫情时，大众沟通从多角度多层面进行信息发布，在一定程度上缓解了社会焦虑，避免了社会风险的进一步加剧。

随着信息技术的发展，新的沟通方式不断涌现，从电子邮箱、门户网站到各种聊天工具、社交平台，计算机网络成为一种新的主流沟通媒介，甚至以超越大众传媒的效率对社会产生影响。其特点和优势主要表现在：①避免了面对面沟通中的沟通障碍，减少了评价性焦虑和社会关注，拓展了沟通内容的自由度。②同时满足了即时沟通和非即时沟通的需求，拓展了沟通时间的自由度。③沟通不受空间限制，拓展了沟通空间的自由度。④与传统的大众传媒相比，新型沟通方式可以实现沟通双方的互动，弥补单向沟通的不足。⑤新型沟通方式操作简单灵活，可以随时随地发布信息，反应灵敏，传播迅速。在2020—2022年的新冠疫情期间，网络新型媒介对疫情信息的实时更新和及时发布，对于缓解社会焦虑，正向引导公众行为，降低社会事件风险发挥了不可替代的作用。

五、风险沟通

（一）概念界定

风险沟通是指个人、群体及机构之间交换风险信息和看法的过程。这一过程涉及多侧面的风险性质及相关信息，不仅直接传递与风险有关的信息，也包括表达对风险的关注、意见以及相应的反应，或者发布国家或机构在风险管理方面的法规和措施等。[①]风险沟通是风险管理最重要的途径之一，是建立公众理性的桥梁。

（二）影响风险沟通的心理机制

了解影响风险沟通的心理机制，可以帮助人们更好地思考和评价风险沟通过程。

1. 风险认知结构模型

该理论认为对风险事件的认知影响人们的情绪状态（产生愤怒、焦虑、害怕等情绪），并进而影响到个体的态度和行为。科韦洛（Covello）总结了15种风险认知因素，分别是自愿性、可控性、熟悉性、公正性、利益、易理解性、不确定性、恐惧、对机构的信任、可逆性、个人利害关系、伦理道德、是否人为风险、受害者特征、潜在伤害程度。风险认知在风险沟通的过程中起着非常重要的作用。例如，当个体将风险事件认定为被迫接受，要比他们将风险事件认定为自愿接受时，认为风险更大。风险认知将转化成为风险沟通中的信号，信号本身的性质和传播条件又会影响

---

① Covello V T，Peters R G，Wojtecki J G et al. Risk communication, the west nile virus epidemic, and bioterrorism: responding to the communication challenges posed by the intentional or unintentional release of a pathogen in an urban setting. Journal of Urban Health: Bulletin of the New York Academy of Medicine, 2001, 78(2):382−391.

公众对事件的接收和解释。

社会风险认知的形成受到三个方面因素的影响：风险事件本身的特征、受众个人特征以及两者相互作用的影响。因此，对公众心态的解释必须考虑主客观两个方面的因素。风险事件往往引起公众心理态度的变化，严重时可能引起恐慌。有效的风险沟通可以对公众心态进行积极调节，是风险管理的重要手段。

2. 负面特征主导模型

该模型认为在认知过程中个体往往赋予负面信息更大的权重。因此，在风险事件中人们往往对负性事件分配更多的注意，形成更深刻的记忆，在风险沟通过程中传递更多的负性信息和负性情绪。针对这一特征：为避免本能的负性倾向带来恐慌和焦虑，我们应当尽量少用"不""没有"等负性词汇，同时呈现正面的信息或解决问题的策略，以用来缓解负面信息对个体的心理冲击。

3. 信任决定模型

该模型认为在风险沟通中，如果没有沟通双方的信任，沟通的障碍就不可能真正被克服。所以，如何建立风险沟通中的信任一直是学者们非常关注的问题。信任决定模型强调了信任在风险沟通中的重要意义。[1]

（三）风险沟通的特点

鉴于风险情境的特殊性，风险沟通也呈现出不同于普通人际沟通、群际沟通的特点。这里我们借鉴颜烨（2022）基于"事件—过程—主体—环境"模式的风险感知变异分析框架进行分析阐述。

---

[1] 刘金平：《理解·沟通·控制公众的风险认知》，科学出版社2011年版，第180页。

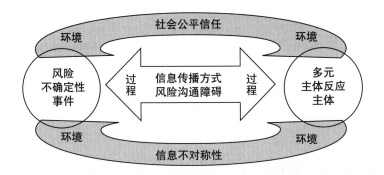

图4-2　基于"事件—过程—主体—环境"模式的风险感知变异分析框架①

第一，风险沟通是围绕着风险事件展开的，风险事件的偶发性、复杂性决定了风险沟通的信息很可能是无序的、模糊的且不断发展变化的。

第二，鉴于风险事件的巨大社会影响，参与风险沟通的主体是广泛而多元的，既包括政府、企业、社会组织（事业单位）等群体组织，也包括政府官员、企业主、白领员工、蓝领工人（农民工）、农民、社区居民等个人。不同的主体有不同的经验、视角、立场和价值观，形成不同的风险认知，他们如同盲人摸象一样，让拼凑出风险问题的立体的完整的图景成为可能。其中政府部门与公众的沟通通常被认为是风险沟通中最重要的组成部分。

第三，社会信任是有效进行风险沟通的关键。公众的社会风险认知受到公众心理、社会政治经济文化等很多因素的影响，而信任是其中最重要的一个中介条件。由于风险情境的复杂性和不确定性，面临风险，处于信息流上游的政府部门和专家（为方便论述，后文一并简称为"专家"）往往掌握相对充分的信息，更容易形成比较理性的风险认知。如果公众对专家缺乏信任，那么信息很难准确地传达给公众，也很难对公众产生预期的影响。因此，信任是有效进行风险沟通的关键。

---

① 颜烨：《迈向应急社会心理学：风险感知与正性应对》，《学术交流》2022年第2期，第1—13页。

然而，信任具有脆弱性。信任的建立需要很长时间，但只要一瞬间就可以被破坏殆尽。信任一旦遭到破坏，恢复起来却需要更大的代价，甚至难以修复。

第四，信息不对称对风险沟通的影响。由于风险问题的复杂性和不确定性，很多风险问题都涉及专业知识。公众一般由于缺乏专业知识和经验很容易表现出过度反应，出现一些非理性的态度和行为。因此，管理者和决策者很容易认为我们需要依赖专家来控制风险，公众对风险的片面非理性认知是毫无价值的，认为风险沟通是一个单向的沟通，即政府和专家向公众发布风险信息。而事实上，了解公众的处境和真实心理状态，为风险管理提供了依据。正视公众认知的价值，讨论并理解专家与公众对特定风险问题的认知差异是研究风险沟通的重要课题。

（四）公众参与风险决策

公众参与风险决策不仅可以提供有用的信息，有助于风险分析，还可以为制定政策提供风险可忍受性的指导标准。

第一，公众所掌握的信息是关于普通民众自己和他们的社区所面临的日常风险，这是专家和决策者从他们的宏观视角很难觉察到的重要细节信息。风险管理领域的资源配置应该反映公众的风险认知。风险评估是个复杂的决策过程，涉及知识、事实和价值等方面，因此我们必须考虑公众的意见。

第二，公众对风险的认知也是不尽相同的，不同的社会阶层对风险的认识不同。杨莹等（2022）研究考察新冠疫情复工阶段不同阶层的社会情绪和压力随时间的变化规律，发现民众社会情绪整体相对积极，但低阶层比高阶层者情绪更为消极。不同社会阶层的压力来源不同，高阶层个体感知到更高的安全压力，而低阶层个体感知到更高的经济压力。[1]因此，制

---

[1] 杨莹、孔祥静、崔丽娟等：《后疫情时代：复工阶段不同阶层的社会情绪及压力因素》，《心理科学》2022年第4期，第980—987页。

定风险政策，要考虑多元主体的可接受性。

第三，针对不同的风险问题，不同主体的独特视角各有价值。①对于自然灾害和公共场所安全问题，广大居民的风险感知和心理反应最为强烈，拥有丰富经验的老居民和一线工作人员（社区物业员工和公共场所服务人员）最有发言权，其次是灾害科学专家。政府应该听取相关专家和当地经验丰富的居民的意见，果断决策是否应急。②对于公共卫生事件，风险感知最深、最有发言权的是专门医生，他们也是专家。政府和民众应该听从他们的意见，不应封存、打压专业意见，搞责任回避、概念回避。③对于企业事故灾难，一线工人对工矿企业的风险感知比较深刻，其次是安全工程技术专家。企业主和政府部门应该最先听听他们的风险评价和分析。④对于社会安全事件（群体事件），最熟悉情况的主要是当地居民、社区工作人员、村庄自治组织负责人、基层民警，其次是社会安全专家和政府领导人。他们互相配合行动，能够一定程度地防灾减灾和快速应对灾变。①

第四，合理利用认知差异。风险问题是复杂的，所谓"横看成岭侧成峰"，专家能够运用科学知识相对理性准确地评价风险信息，而公众的意见则能够更清晰地呈现普通居民和群众所关切的亟待解决的问题。两者在风险管理中都是不可或缺的。只有正视此种差异，并理解其对于解决风险沟通中敏感问题的重要作用并加以充分利用，例如通过民众代表或公众参与的平台，实现专家和大众交互作用，才能够更好地解决风险问题。

---

① 颜烨：《迈向应急社会心理学：风险感知与正性应对》，《学术交流》2022年第2期，第1—13页。

第二节　应急情境下的社会关系

一、人际关系概述

（一）概念界定

人际关系是指人们在互动交往过程中形成的心理关系。

（二）人际关系的动机

人需要跟别人交往，建立和保持良好的人际关系。引发人们产生交往意愿与行为的具体动机包括以下三个方面。

1. 亲和的本能

人是社会性的动物，具有寻求与他人关联的亲和本能，希望得到（所关心和重视的）他人和群体的支持、喜爱和接纳。萨赫特的亲和实验证明了亲和本能的存在。在声称研究电击如何影响生理反应的实验中。被试被随机分配在A、B两组，A组为"高焦虑"组，被试被告知电击很痛但不会对她们造成伤害，唤起较高的焦虑情绪；B组为"低焦虑"组，被试被告知电击就像打针一样只有一点痛（电击并未实际发生，实验者只是让被试相信自己不久将会受到这样的电击）。之后，被试被告知由于设备原因，实验需要推迟10分钟开始。实验者观察被试在等待的10分钟内的反应，发现"高焦虑"组的被试，更愿意选择与他人一起等待，而"低焦虑"组的被试更愿意独自等待。据此，萨赫特提出了"焦虑—亲和"假说，认为由焦虑导致的恐惧是促使人们结群的原因，和他人在一起可以减少个体的恐惧和焦虑。人们更倾向于接近处境、地位、能力相似的人，因为相似性可以使人们容易产生共鸣和理解。

2. 安全感的需要

安全感是人的基本需要之一，这个安全既包括生命生存的安全，也包括社会安全。

社会安全感的本质是人与人之间的情感联系，不同于"亲和"那种形式上的同在和陪伴，个体需要与他人建立可靠的人际关系（稳定的情感联系和支持），社会安全感才能得到确立。在这样的人际关系中，缺点可以被包容，忧愁可以被排解，悲伤可以被抚慰，困惑可以被帮助。正如格兰特研究（瓦尔丁格，2015）所发现的，良好的人际关系让人更加健康快乐，持久稳定的亲密关系是人生幸福的必要条件。

3. 自我价值的寻求与确认

人的生命是有限的，为了避免对死亡的恐惧和焦虑，人在生命的过程中需要不断地寻求价值和意义。只有自我价值得到确认，人才会获得自信、自尊、稳定的良好感觉。人的自我意识的保持和自我价值的确认在很大程度上取决于自己与外在世界的关系，尤其是他人的反馈和社会比较。人只有将自己置身于社会背景，通过与他人的互动、比较，获得社会反馈，才能确立自己的价值。

社会心理学家谢立夫（Sherif，1935）曾经用经典的"移动光点"实验证明了社会参照的效应。实验在一个完全黑暗的屋子里进行。研究者在一面墙上打上一个光点，光点一亮一熄，被试的任务是判断光点移动的距离（实际上，光点自始至终都没有移动。这是研究者巧妙地利用了"似动"原理）。结果发现，当人们分别作出判断时，被试们所作的距离判断有很大差别，最小距离与最大距离之间可以相差若干倍。但是，当人们组成群体一同参加实验，虽然仍然是每个人单独进行判断，由于彼此知道了别人如何进行反应，结果很快出现了相互参照、彼此比较的效应，各人的判断迅速趋向一个共同的适中距离，并最终达到一致。

与"光点移动距离判断"一样，我们对自己的存在以及存在价值和意义的判断，也依赖于社会和他人构成的参照系。

二、群际关系

在宏观的社会心理学领域，群体心理研究处于核心地位。因此，在社会互动中不能不提到群际关系。

（一）概念界定

从字面上看，群际关系是两个群体之间的关系。但是在很多时候，群际关系情境中并不存在两个实体的群体，而是具体体现在两个把自己看作代表着不同群体的人的相互作用。因此，群际关系和人际关系的区分并不取决于卷入该关系的人数的多少，而是取决于人的自我知觉状态，取决于参与者是否把自己看作不同群体的成员。据此，我们可以把群际关系界定为：人们把自己看作不同社会群体的成员而非单独的个体而发生的相互作用，或者说因群体成员身份而发生的思想、情感或行为[1]。

（二）群际关系的特点

群际关系具有易冲突的特点。相较于人际相互作用，群际相互作用更倾向于引发人们的竞争性，甚至冲突[2]。这里所谓的冲突，不仅包括外显的对抗性和侵犯性行为，还包括内隐的歧视和敌意等。

为了考察两个群体在竞争条件下产生冲突和侵犯行为以及消除隔阂，形成一个新的较大群体的情况，美国心理学家谢立夫和他的同事在罗伯斯洞穴进行了一项实验——罗伯斯山洞实验（Sherif et al. 1961）。21 位 11 岁的小男孩被带到了俄克拉何马州的Robbers Cave 州立公园参加一个夏令

---

① 付宗国：《群际关系的社会心理机制探析》，《山东师范大学学报（人文社会科学版）》2005年第2期，第122—124页。

② Drigotas S M, Insko C A, Schopler J. Mere categorization and competition：A closer look at social identity theory and the discontinuity effect［A］. In S Worchel, F Morales, D Paez, J Deschamps（Eds.）.Social identity: International perspectives［C］. London, England：Sage 1998.

营。出发前，孩子们被随机分为两组。起初孩子们跟自己的小组成员在一起生活并相互熟悉，并不知道另外一个小组的存在。两个组都给自己选了名字，并将名字印在自己的衬衫和旗子上：一组叫作老鹰队，另一组叫作响尾蛇队。第二阶段，两组人第一次发现了对方，在不存在任何竞争的前提下，仅仅是意识到另外一个群体的存在就导致了双方的冲突，出现了语言上的侮辱和攻击。在随后的竞争环节的实验中，双方的敌意和冲突进一步加剧。

在现实社会生活中，人们常常会有把人际关系群际化的倾向，使群际关系的影响范围更加广泛。比如，2020年5月25日，美国警察暴力执法致黑人乔治·弗洛伊德死亡的事件。该事件之所以在明尼苏达州爆发激烈的抗议示威活动和民警冲突，并在全社会引起广泛关注，除了事件本身呈现出的问题和冲突，还因为弗洛伊德是黑人而杀害他的警察是白人，这种群际化的倾向增加了群际冲突发生的可能性。

（三）影响群际关系的因素[①]

1. 社会类别化

社会类别化的过程是群际关系形成的基础。为了高效率地认知这个纷繁复杂的社会，人们会用类别化的方法来简化世界，把自己和他人归入不同的类别之中，区分出内群体和外群体，并依据人们属于哪种群体来对他们作出反应。又由于人具有建立积极的身份感的倾向和本能，个体会尽力提高其所属群体相对于外群体的地位，表现为给自己所属的群体（内群体）赋予更多的积极特征，而把消极特征强加于外群体，即产生偏见性知觉（关注自己群体的优点和外群体的缺点）和对外群体的歧视（给予内群体更多的分数、钱和机会，对外群体的则加以扣除）。因此，社会类别化会导致群体间的偏见、歧视和竞争。

---

① 付宗国：《群际关系的社会心理机制探析》，《山东师范大学学报（人文社会科学版）》2005年第2期，第122—124页。

2. 相对被剥夺感

相对被剥夺感是当个体认为他们自己或其群体所得到的结果不公平时产生的愤慨感。例如，在上文提到的弗洛伊德案中，黑人群体会感觉到他们的公民权甚至生命权被践踏。相对被剥夺感分为个体相对被剥夺感和群体相对被剥夺感两种，其中后者对个体参与群际冲突的行为具有显著的预测作用。如果个体对自身的状况不满（个体相对被剥夺感），他可能会采取行动改进自身状况，如找一份新工作或获取新的资格证明。而如果个体对自己群体的境况不满（群体相对被剥夺感），他们就可能会投入改进群体境况的抗议行动中，如游行示威或罢工。因此，要了解群际关系状况，我们需要了解人们的群体相对被剥夺感，而不是其个体相对被剥夺感。

3. 威胁与反威胁

一方面，在群际情境中，群体之间的相似性会混淆人们独一无二的身份感，使人们感到威胁，从而加剧群际冲突。另一方面，在群际冲突中，威胁与反威胁是双方最常用的手段。但是，威胁并不能加快解决方案的产生。相反，每一次威胁只能增加冲突的激烈程度。而且，在冲突情境中，潜在性威胁越大，产生一个合作性解决方案就越困难。

4. 信任与不信任

缺乏信任感是引发和维持群际冲突最重要的因素。而且，信任感的缺乏会让即使是最善意的缓和冲突的努力化为乌有。冲突的双方很难重建信任感，因为不信任感会引起冲突的螺旋式上升，即另一个人被看作不值得信任，这会导致冲突，而这又会造成更大的不信任感。

（四）改善群际关系的策略

1. 群际接触

群际偏见是由于某一群体对另一群体缺乏充足信息或存在错误信息而产生的。群际接触则为获得新信息和澄清错误信息提供了机会。群际接触具有改善群际关系、减少群际偏见的作用。最佳的群际接触条件包括：

①双方地位平等；②有互惠互利的合作可能；③有权威、法律的支持。如果在接触之前给予外群体积极信息作为铺垫，改善群际关系的效果则会更好。①

2. 共同的目标

共同的目标可以弱化群体差异，增加彼此依赖，所有的成员都属于同一个更大的群体，会用积极的眼光看待对方。比如说，历史上的国共合作就是在抗日救亡共同目标引领下弱化了国共之间的矛盾和冲突。

3. 群体共情

群体共情是指在两个群体实际互动或接触时，其中一个群体的成员开始间接体验和内化另一群体成员的认知、情绪和情感的过程，即试着站在对方群体的角度考虑问题，理解对方群体成员情绪、情感产生的原因并体验到相应的情感。群体共情可以减少消极的态度和行为，增加积极态度与行为，对群际关系具有促进作用，在社会冲突的预防和解决中发挥着重要作用。②

4. 减少威胁

威胁可以使冲突升级，而冲突又经常促使人使用威胁。奥斯古德（Osgood，1962）提出了一个摆脱这种冲突螺旋式上升的方法——缓和紧张的分等级相互回报（Graduated Reciprocation Intension Reduction，GRIT）策略。这种方法主张冲突的一方要主动采取分等级的步骤减少威胁，并力求在每一步上得到对方的积极回应。实践证明GRIT非常有效，尤其当对手与倡导者力量相同或更弱时，GRIT最可能获得成功。因此，力量强大者使用GRIT会特别有效。③

① 李森森、龙长权、陈庆飞等：《群际接触理论——一种改善群际关系的理论》，《心理科学进展》2010年第5期，第831—839页。
② 何晓丽：《群体共情对群际关系的影响——基于社会冲突解决的视角》，《心理科学》2018年第1期，第174—79页。
③ 付宗国：《群际关系的社会心理机制探析》，《山东师范大学学报（人文社会科学版）》2005年第2期，第122—124页。

三、应急情境下的社会关系

在风险应对过程中，人际关系和群际关系往往受到社会事件的影响，呈现出一定的特殊性。学者对这一特殊性的研究，对于应急管理和社会治理具有重要的参考价值。

2019年底，新冠疫情暴发并迅速在全球蔓延。作为一个后现代社会的黑天鹅事件，新冠疫情打乱了原本稳定的社会生活状态，使整个社会一下子陷入了危机和恐慌之中，给人类社会生活带来的持久影响远超人们的想象。新冠疫情作为一个重大的公共卫生危机事件恰似一种"社会实验"，生动地呈现了个体与群体之间互为因果、互为条件的社会事实，也提供了一个反思现代社会治理的契机。这里我们以此为例，对应急情境下的社会关系进行分析。

（一）个体之间的亲密与疏离

人类生命脆弱的自然属性和共生关系的社会属性决定了在危机面前，个体更倾向于与其他个体和群体紧密相连，相携互助，以获得更多的生存机会。在新冠疫情的紧急状态下，社交隔离甚至是大面积静默管理减少了人群流动，在保持城市静止的同时抑制了生活的流动性。社区居民的相互依赖性陡然增强，"消失的附近"再次重现。共同的危机体验还增加了群体的亲社会行为，包括关心帮助他人、相互信任，社区中人们也变得更加团结友善和利他。我们在疫情持续过程中始终都可以看到家人、朋友，甚至陌生人之间的互相支持、守望相助。

与此同时，因病毒具有"去歧视化"的传播性，任何人都可能是病毒的宿主，是疫情向周边辐射传播的媒介。人们的恐惧逐渐上升，焦虑、恐慌与无助的情绪肆意蔓延，个体行为往往以确保自身安全为前提，切断不必要的物理接触，归属的需要让位于更基本的生存需要。这带来了实体社会空间的人际排斥和疏离，破坏了个体间的正常互动秩序。因此，人们的焦虑难以在人际互动中得到慰藉，创伤难以在亲密接触中被抚平。甚至有专家预测，新冠疫情对人们心理的影响可能会持续十年左右。随着新冠疫情的发展，个体间风险边界逐渐弱化，个体间的风险相关性日益凸显。当人们意识到单凭个体力量无法抗衡外部威胁之后，往往转头寻求群体荫护。风险的不确定性催生了人们"抱团"甚至"排他"的行为，自身与群体之间的依存关系以及群体与群体之间的界限被强化。封闭管理在某种程度上甚至成为群体成员达成的集体共识。"地方保护主义下的集体行动逻辑"促成了人们对群体更深的认同感，以及对外群体的盲目排斥。比如在新冠疫情防控期间各地方各自为战，层层加码，封村、封路等。

（二）角色冲突与社会失序

角色是社会关系中最重要的载体之一。生活中，人们总是需要扮演多重角色，并在不同的角色中享有相应的权利、承担相应的义务，并产生相应的行为方式。网传的段子"全民成了厨子，医护成了战士，老师成了主播，机关干部成了门卫，家长都成了班主任，保安成了哲学家"，是新冠疫情期间角色冲突和社会失常的真实写照。

在公共卫生事件的诱发、扩散和治理过程中，主要有政府部门、传统媒体、自媒体、医院、医疗健康企业、普通企业、学校、娱乐与消费场所、普通群众、易感人群以及患者等行动者或利益相关者。突发的公共卫生事件强化了行动者的某些特定角色，甚至赋予他们新的角色，不同身份属性既相互合作也互有冲突。比如说企业家在这个过程中需要承担更多的社会责任，而这与其创造经济价值和利润的经营目标和理念以及趋利避害的本能是背道而驰的。有些企业很好地适应角色，承担责任，比如说京东在疫区保供方面就做出了巨大的努力和贡献，还有很多企业捐款捐物。而有些核酸检测企业不仅没有履行新角色的责任，甚至为了追求利润而数据造假，祸国殃民。

在公共卫生危机事件应对的过程中，公共领域和私人领域的界限不可避免地被模糊甚至混淆，即有的角色冲突被放大，而且割裂了多重角色合作共赢的路径，导致互动失序。如医护工作者救助他人的角色职责和个体自身的生命安全诉求，"重疫区""非疫区"和"边缘疫区"之间的人员流动排斥与物资调配争议，家庭角色和工作角色的矛盾，现代社会的流动性和抗疫措施需要的区域封闭性等。公共角色的弱化还催生了区域阻隔（如社区门禁等），甚至唯利是图（如不法商家制售伪劣产品或器械等）。这些秩序的失范既不符合应有的角色规范及其社会责任，也与大众的角色期待、权利诉求相背离。

公共卫生危机中，在规范不一与互动衰减的情况下，个体的多重角色演绎失去了确定性依据，关系割裂的隐患由此埋下，造成了实体空间的人际封闭、虚拟空间的歧视与污名化、地理空间的相互排斥、社会空间的利益排他，甚至公共空间的角色冲突等。新冠疫情期间，少数个体存在不当甚至过激表达，如拒戴口罩、辱骂甚至殴打工作人员，或者公共空间对个体应有权利的挤压，均属此例。个体可能因过分关注私人利益而导致行为失范，而共同体（如社区）也可能动用公权力阻碍甚至侵犯私权。

（三）共同体的瓦解与重建

共同体是由某种纽带即关系连接起来的生活有机体。依据客观载体的不同，有血缘共同体、地缘共同体、业缘共同体、精神共同体等形式；按照内部关系的性质差异，共同体还可分为公域、私域、第三域等类型。共同体中一致合意的集体行动需要两股力量：一种是外在的规范，一种是内生的情感。①

公共卫生事件中，由于病毒的快速传播和广泛影响，个体或被动卷入或主动参与，都不可避免地深陷其中。旧有的公域和私域、血缘和地缘等共同体或空间的边界被迅速消弭，极大地挑战甚至瓦解了共同体的原有秩

---

① 郑雄飞、黄一倬：《公共卫生事件中的个体多角色演绎与共同体互动秩序研究——基于"空间-关系-角色"的分析》，《社会科学》2022年第2期，第24—38页。

序。如应对新冠疫情的封闭隔离管控措施，可能导致成年子女无法如往常一样照顾年迈的父母，或是成年的父母无法照顾未成年子女，这种血缘共同体功能无法很好发挥作用。

然而，基于个体深度卷入的必然性与单独应付危机的困难性，个体注定无法脱离共同体生存，相携互助、休戚与共的生活状态早在人类社会诞生之初便存在。新的共同体也必将被重新建立。公共卫生危机中流行病的高传染性具有高度的空间渗透性和跨区域整合能力，风险不再局限于个体的身体空间，抑或是一定区域的范围，而是呈现出极强的"公共性"，消弭了公域和私域、血缘和地缘等共同体的空间边界。比如，个体流动、与他者会面甚至是否佩戴口罩等原本私人的行为具有更复杂的外部性与社会效应。甚至一人核酸阳性，全域静默管理。可以说，一个人的言行、健康已经不是私事，而是关乎国计民生。这在一个超越了血缘、地缘的更大的范围内形成了一个命运共同体。没有人能够独善其身，战胜病毒，需要所有全体当事者的同心协力。同时，危机情境中的仪式性互动和个人性互动也能够加速团结、身份性认同，相互情感感染也容易形成情感共鸣，催生"想象的共同体"。

（四）问题的解决

在共同抗疫的过程中，我们感受到了全国人民万众一心的坚韧、团结、互助、友爱，同时，也看到一些不尽如人意的现象，比如说确诊后恶意传播病毒；在网络上散播谣言制造恐慌；垄断抗疫物资高价售卖；防疫人员态度恶劣，民众拒不服从管理，发生肢体冲突；疫情管控措施带来的次生灾害。这些问题产生的背景复杂，这里仅从社会关系的视角进行简单分析。

首先，尽管新冠疫情期间，医疗机构、慈善团体等公益服务组织扮演了重要角色，很多工作人员也都展现了超乎寻常的职业素养与公共精神，但趋利避害是人性的根本特征，也是组织发展的基本要求，保证个体的基本健康、安全无疑是实现更多人文情怀和组织内外可持续的前提。这种冲突导致的角色冲突会让个体无所适从。因此，公权力的介入对于协调角色关系，重构社会秩序非常必要。政府需要通过政策宣传和组织协调等措施动员公众，帮助个体、群体意识到其在危机特殊情境下的公共角色，积极合作，履行适当的角色责任。

其次，人类行为始终无法彻底摆脱个体情感的约束。应对公共卫生事件需要全社会的组织化力量，而统筹协调集体行动既要借助于规范，也不能忽视情感动员。因此，在防疫政策的制定和各级行政管理部门、社区工作人员执行政策时应注意情感因素的调动，既以理服人也以情动人。把普通民众视为"抗疫"的共同体，而非管理控制的对立面。

最后，公共卫生危机的应对需要调动人类社会整体力量的积极参与，快速集聚经济资源、情感资源、智力资源和志愿资源。要想取得好的结果，合作才是最佳选择。信任是合作的前提，也是应对风险不确定性和不可控性的关键性"简化策略"。和谐的社会关系，既是社会信任以及相关合作的互动结果，也是信任得以产生的客观条件。信任并不会轻易达成，需要建立在知识、信息尤其是与他人的交往经历之上。

第三节　人际关系中的典型行为

案例：2022年4月，在上海新冠疫情最为严峻的封控时期，住在上海虹口区的一位牟女士（化名），想给住在青浦区的听障父亲送菜，但因为疫情封控，一直没等到有人接单。她试着联系了前一天为她送菜的外卖小哥王琪（化名），对方一口答应。封控期间，阻碍重重，王琪深夜疾驰27千米，历时7个小时，最终完成了这一单送菜。订单完成以后，为了表示感谢，牟女士给王琪打赏了200元。这本是一个人与人在疫情下守望相助的温情故事，但是，令人没想到的是，这200元打赏，给牟女士招来了无尽的网络暴力。最终牟女士不堪重负跳楼自杀。

在这个案例中，我们感受到了人与人之间的善意带来的贴心温暖，也感受到了恶毒攻击带来的刺骨寒凉。助人和侵犯都是人际关系中最典型的行为。

一、助人行为

（一）概念界定

助人行为是指以特定个体或群体为对象的亲社会行为。根据助人行为的动机性质，可以分为两类：不期待他人任何回报的利他行为，具有个人意图的助人行为。

亲社会行为泛指一切符合社会期望而对他人、群体或社会有益的行为，如分享行为、捐赠行为、合作行为、助人行为、安慰行为、同情行为等。

亲社会行为、助人行为、利他行为的关系见图3-4。在风险情境中奋不顾身舍己救人的是利他行为，比如说在汶川地震中用身体护住四名学生的谭千秋老师。在新冠疫情中为疫区捐款捐物，为社区居民提供服务的是助人行为。而在新冠疫情中普通居民间互相鼓励、互相安慰、互通有无的则是亲社会行为。这里我们重点阐述的是助人行为。

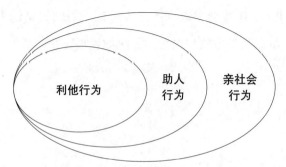

图4-3　亲社会行为、助人行为、利他行为之间的关系图

（二）助人行为的影响因素

助人行为可以给受助者带来美好的体验，同时也让助人者获得一定的物质或精神收益。助人行为是良好社会风尚的体现，对于和谐社会的构建大有裨益。我们积极倡导助人行为，但是助人行为并不总是必然发生，也不能单纯地认为没有助人就是自私冷漠、失德失范的表现，因为助人行为受到很多主客观因素的影响，可以概括为三个方面：

1. 助人者的个人因素，包括性别、年龄、认知特点、解释风格、自我认知、人格特点、心情等。

2. 情境移速，包括自然环境、社会环境、助人代价等。

3. 求助者的特点，包括性别、外在形象、人格特点等。

（三）助人行为的决策过程

大多数情况下，个体是否采取助人行为是一个复杂的决策过程。一个人是否会伸出援手，首先取决于他是否意识到对方陷入困境，需要帮助。只有发觉并确信对方需要帮助时，才有可能采取行动。此时，潜在助人者的注意力指向和对事件的看法会影响其对帮助需要的评估。其次，当确定对方需要帮助以后，潜在助人者还会评估自己是否有责任提供帮助，责任越明确，提供帮助的可能性越大。其次，得失评估，权衡助人行为的代价和收益。代价越低，收益越高，助人的可能性越大。最后，能力评估，即评价自己是否有能力提供帮助，只有确认自己有能力提供帮助，并且方案具有可行性时，个体才会采取直接助人行动。当然如果能力或条件不具备，也可以采取间接的方式提供帮助，比如说报警、向其他人呼救。具体的决策过程详见图4-4。

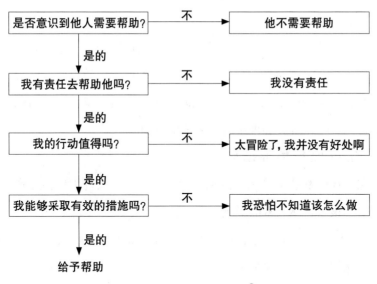

图4-4 助人行为决策过程图[①]

当然，如此缜密的理性思考过程仅适用于非紧急情况。在紧急情况下，潜在助人者通常没有时间权衡利弊得失，助人行为往往受到本能或者情感力量的驱动。

二、侵犯行为

（一）概念界定

侵犯行为又称攻击行为，是一种有意违反社会规范的伤害行为。这种伤害行为既包括生理上的伤害，也包括心理上的伤害（比如说言语攻击）；既包括实际造成的伤害，也包括采取行动而未造成现实结果的伤害。

社会评价和伤害意图是侵犯行为的两个关键要件。侵犯行为一定是违反了社会规范的，因此警察制伏罪犯、被攻击者的正当防卫不属于侵犯行

---

① 金盛华：《社会心理学》（第三版），高等教育出版社2020年版，第292页。

为；其次，侵犯行为一定有主观意图，过失伤人不构成侵犯行为。

虽然和平和发展已成为当代社会的主旋律，但是自人类社会诞生至今，从未停止过战争和杀戮，更遑论媒体时常曝出的枪击、群殴、性侵案件以及日常生活中的家庭暴力、校园欺凌、网络霸凌事件。因此，攻击和侵犯行为一直是社会心理学研究的重要议题。

（二）侵犯行为的影响因素

在具体的社会情境中，侵犯行为是否发生，表现为何种形式、强度，同样受到很多具体因素的影响

（1）侵犯实施者的个人因素，包括人格类型、归因和解释风格、性别等。比如说相比于B型性格，A型性格的人在挫折情境中更容易产生愤怒和敌意，实施侵犯行为；敌意归因偏差者，即将对方的动机或意图视为有敌意的倾向，更容易实施侵犯行为。通常男性实施侵犯行为的概率大于女性，尤其是在身体侵犯上。

（2）情境因素，包括气温、药物、酒精、"去个性化"状态等。具体来说，天气越热，气温越高，越容易体验到敌意，并产生侵犯的念头。酒精和药物都有可能降低对侵犯后果的意识程度，导致更多的侵犯行为。当处于匿名状态，或者个体淹没于一个规模和影响力较大的群体中，不易辨认时，侵犯行为增加。

（3）社会因素。社会的文化背景、媒体的宣传引导等也会对侵犯行为产生影响。

（三）侵犯行为的控制

侵犯行为是社会中的不稳定因素，给社会和谐和人民安定团结带来消极影响，应该予以预防和控制。

（1）从个体层面，完善人格，培养良好的道德品质，养成良好的生活习惯，提高自身情绪管理能力和共情能力，可以减少侵犯行为的发生。

很多侵犯行为是在情绪冲动或者酒精、药物的作用下发生的，因此首

先养成良好的生活习惯是前提；其次提高情绪管理能力和道德意识，适时、适度地宣泄情绪，避免给他人带来伤害；最后提高共情能力，对他人的痛苦处境感同身受。这些对侵犯行为的抑制具有重要作用。

（2）从社会层面，社会资源的丰富，生活质量的改善，尤其是社会公平体系的建立，可以避免人们出现不良的心态和偏激的行为，减少侵犯行为的发生。

三、应急情境下的助人和侵犯行为：案例分析

首先我们来分析一下案例中的助人行为。帮助牟女士送菜的骑手王琪是一个非常淳朴善良的年轻人，当他接到牟女士的求助电话时，没有过多考虑自己的利害得失，而是深刻共情了求助者的不容易。"我接受订单根本不是为了钱。""我觉得她很孝顺。这个时候对每个人来说都不容易。"他说。于是在力所能及的范围内，他同意帮忙。王琪也是一个责任感和道德感极强的年轻人。因为帮忙寄件的难度远远超过预期。他在19时15分赶到牟女士家，带着牟女士为其父亲准备的饭菜从虹口区出发。原本27千米，不到2个小时的车程却因为道路封控、交警检查和高架桥限行、老人耳聋联系不上等原因用了4个多小时才送达，而返程时由于电瓶车没电，到凌晨2点多才回到住地休息。全程耗时7个多小时。过程的艰辛可想而知，每一次在困难面前的坚持都是对善良与责任的坚守。他的善举感动了被帮助的牟女士，牟女士频频致谢，并在微博上宣传他的善举。

然而，这个温暖故事的结局却不尽如人意。为了表达感谢，虽然对方一再拒绝，牟女士还是通过充话费的方式打赏了王琪200元钱。但就是这样一个表达感恩的行为，给她带来了无尽的痛苦，甚至付出了生命的代价。

网上很多人恶语相向："住在上海，但只转了200元。这是不是把乞

丐赶走了？""人家不顾一切地想帮助你，但你却欺负诚实的人。"人们用最恶毒的语言咒骂她，攻击她，完全不管真相是什么。在如潮水般涌来的恶意中，当事人的解释就像雪花落在海里，瞬间被淹没。终于，这个善良而胆小的牟女士不堪重负，选择了以最无助的方式向世界告别。

为什么一个表达感恩和善意的举动会成为杀人的工具？为什么网络暴力一次次酿成悲剧？互联网世界背后为何隐匿着如此多的恶意和愤怒？是坏人都上了网还是网络让人染了坏？这里，我们从三个方面进行分析：

第一，人际关系群际化的倾向增加了冲突发生的可能性和强度。在如潮水般的网络攻击中，我们可以感受到网民的愤怒，这种愤怒不仅仅是某一个网民对牟女士的愤怒，几乎在看到这则消息的同时人们迅速进行了社会类别化——区分了上海人和外地人，内群体和外群体。并调动了对上海人的刻板印象，主观地加之于牟女士身上。因而这愤怒是外地人对上海人的愤怒，是内群体对外群体的愤怒。不是针对一时一事的愤怒，而是积累很长时间的委屈和不满的发泄。所以我们看到这个情绪之强，强到可以杀人。

第二，情境在此次网络暴力事件中扮演着重要角色。作为一个国际化的大都市，上海封城前所未有，人们面临的不仅是病毒带来的恐慌，还有对生计的担忧，对局部防控政策的不满、愤怒和委屈。比如在供应防疫物资时对本地居民和外地居民差别对待，让很多多年投身上海城市建设的"沪漂"十分寒心。这种挫折感和不公平感让各种负面情绪在心中酝酿，在城市中蔓延，却找不到出口发泄，直到有人看到这个消息发出了第一句指责，所有的情绪如溃堤之水，一泻千里。

第三，网络的去个性化让情绪的发泄肆无忌惮。网络空间的匿名性和去抑制性大大降低了社会评价对个人言行的约束。他们以网络为遮羞布，道德意识和公共意识被束之高阁，他们肆意发泄情绪，以道德为名做不道德的事情，完全不顾他人感受。因此，他们表达的情绪远远超过了这个事件应该引发的情绪，一部分是个人的私愤，一部分可能是被群体渲染和感染到的情绪。

这个案例从正反两个方面的经验和血的教训警示我们，在社会应急情境中利他助人行为对于缓解社会矛盾，整合社会力量，达成抗逆共识，形成应急正效应都是非常重要且必要的。要走出风险，走出困境，归根结底需要依靠每一个人的力量，团结的力量。与此相反，在风险情境中的攻击侵犯行为会制造混乱，破坏团结，浪费资源，甚至引发更多的次生灾难和衍生灾难。避免风险情境中的攻击侵犯行为，具体有两个着力点：

一是共情能力的培养。共情能力即理解他人的情绪并对他人的处境感同身受的能力。案例中的王琪之所以愿意不计代价地帮助牟女士，就是因为他深刻共情到了对方的孝心和不容易，相反，那些"键盘侠"也是因为完全困在自己的情绪里，对他人的痛苦麻木不仁。大量研究表明，共情是产生亲社会行为的重要促进因素。儿童期的角色扮演、想象、模仿等训练可以有效提高共情能力。

二是社会环境的营造。一方面，我们应培育和谐友善的社会风尚。个体在社会互动中耳濡目染养成亲社会的行为习惯，善意也会在社会间良性循环流动。另一方面，社会公平是社会和谐的前提。平等的教育、就业机会，合理的财富资源分配，民主的参与决策，畅通的沟通渠道等可以避免人们出现不良的心态和偏激的行为，减少侵犯行为的发生。

第五章

应急社会影响

抢过盐，抢过蒜，抢完大米抢白面，

抢酒精，抢口罩，抢完蔬菜抢调料，

现在又抢药……

这是在三年对抗新型冠状病毒过程中，很多中国人的真实经历。当处于不安全的情境中，处在人群的裹挟中时，我们有时会迷失自己，盲目从众，这就是社会影响的力量。社会影响是指他人的行为或态度对个体态度和行为所产生的影响。[①]

第一节　处于群体中的个体

当个体聚集成为群体时，处于群体中的个体会受到群体的影响，产生一些新的心理特征和行为方式。在这里我们要谈到其中两个典型的心理现象：从众和服从。

---

① Cialdini R B, Goldstein N J. Social influence: Compliance and conformity[J].Annual Review of Psychology, 2004, 55(1): 591−621.

一、从众

（一）概念界定

从众是指个人的观念与行为由于群体直接或隐含的引导或压力向与多数人相一致的方向变化的现象。

根据从众行为与个人内在态度的一致性，我们可以将从众行为分为两类：真从众和权宜从众。真从众指的是内在态度与外显行为相一致，对群体发自内心的认同。权宜从众是指内心并不完全认同群体的看法，只是迫于群体压力才作出屈服于群体选择的行为。其本质是个体受到社会影响力作用后的适应性行为反应。

（二）关于从众的研究

阿希的从众实验真实地反映了从众行为的产生过程。被试被安排到一个7人小组里进行知觉判断实验。除了被试以外，其他6人都是研究者的同伙。实验正式开始，实验者依次呈现50套两张（A、B）一组的卡片。每一组图片A为标准线段x，图片B上有三条线段a、b、c，其中一条同标准线段一样长（见图5-1）。要求被试（含真被试和假被试）按照各自编号（1—7号，真被试是6号）选择出与A图片上标准线段一样长的那条线段，并把这条线段的编号告知实验者。

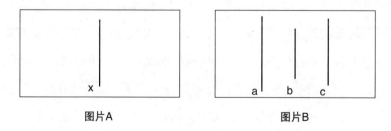

图片A　　　　　　　　　　　图片B

图5-1　阿希从众实验图例

在实验的第一阶段（前两组卡片判断），每个小组成员都按照真实的情况作答，使得真被试觉得知觉判断很容易。第二阶段（从第三组卡片开始），实验助手们就开始故意给出错误的判断。这些明显的错误让真被试感到困惑。当面临选择的时候，就必须抉择是相信自己的判断，还是跟随大家一起作错误判断。实验结果表明，个体单独判断时正确率可以高达99%，但在跟随小组判断时，由于情境的影响，判断准确性大大降低，跟随大家一起作出错误判断的总比率达到全部反应的37%。75%的被试至少有过一次从众的行为，和大家一起作出错误的判断。

阿希以及后续的类似实验都证明在群体中人们倾向于作出与大多数人一致的选择，即使在一个临时的集合形成的群体，甚至错误非常明显的情况下。

（三）从众的原因

在生活中，从众的行为经常发生：比如说在电梯间里，如果所有人都以背对电梯门的方向站立，那么后进来的人很可能改变自己的习惯，选择背对电梯门站立；新进入一家公司的员工，为了尽快地融入新环境，会选择跟老员工聊同样的话题，去同一家餐厅吃饭等。在不同的情况下，从众的原因也不尽相同，概括起来大概有三种情况：信息模糊、群体压力和人谎失智。

1. 信息模糊

人的知识总是有限的，在有些情境中，人们由于知识储备不足，缺乏经验，难以作出正确的选择。这时候人们会选择一定的参照，指引个体作出选择。从众就是选择所在群体中的大多数人作为参照，而作出选择。在新冠疫情中的抢购行为就属于这种情况。2020年初，新型冠状病毒刚开始暴发时，其病原体先前从未在人类中发现。人们对其致病原因，发展形势、治疗方法、愈后信息等全然无知。信息的匮乏导致广泛焦虑。于是人们表现出对疫情相关信息的极度渴望，接收信息时逐渐丧失理智，不加分辨地相信各类传言，偏听偏信，盲目从众便由此而生。这时一则声称"双黄连口服液可抑制新型冠状病毒"的消息被大量转载。"病急乱投医"的人们对这则未经专业医师证实且来源不明的信息深信不疑，双黄连口服液被一抢而空。此后，在历时三年的抗疫过程中，人们还先后经历了抢购口罩、酒精、粮食、蔬菜、黄桃罐头、连花清瘟、抗原试剂等物质。紧随其后的是专家辟谣，声称可以抑制病毒的药物（如双黄连）并未得到足够的临床试验，那些被疯狂抢购的生活用品其实本来供应充足。可见，这种从众的行为不仅不能帮我们有效应对危机，反而加剧了人们的担忧与恐慌。

2. 群体压力

在群体中，与大家保持一致的成员更可能被喜欢和接纳。相反，和大多数人站在对立面可能会遭受质疑甚至面临被孤立、制裁的风险。这种无形压力令人感到不安。因此，出于趋利避害的本能，人们倾向于附和多数人的意见，甚至作出与自己意愿完全相反的行为。

在阿希的从众实验中，真被试作出违背自己真实想法的从众行为时，是出于群体压力的原因。"沉默的螺旋"理论认为，人们在表达自己想法和观点的时候，如果看到自己赞同的观点受到广泛欢迎，就会积极参与进来，这类观点就会越发大胆地被发表和扩散。而无人或很少有人理会的观点，则可能遭到群起而攻之，此时即使有人赞同也会保持沉默，以免自己受到伤害。比如说在前文提到的上海疫情防控期间因打赏快递小哥引发的网络暴力事件，就是因为在焦躁不安的社会情绪氛围下"指责"的声音得到了更多的认同和共鸣，形成了暴力的洪流，而"同情"的声音无人问津，最终归于沉默。一方的沉默造成另一方意见的增势，如此，便形成一方的声音越来越强大，另一方越来越沉默下去的螺旋式发展过程，盲从现象由此产生。

3. 人谎失智

在一些社会应急情境中，人们的从众行为还可能源于危急情况下的人谎失智。危机情况的强烈刺激，会导致高级思维能力受到抑制，一些原本掌握的应急知识无法有效提取，求生的动机和亲和的本能会驱动个体选择和大多数人一致的行为。比如2022年10月29日，韩国首尔龙山区梨泰院发生的大规模踩踏事故。踩踏事故发生在一个宽约3.2米，长约45米左右的斜坡的小巷，在人员最密集的约18平方米的空间里约有300多人。有一些人倒下，数百人开始向一侧倾斜，拥挤的人流造成极度的恐慌和失控，最先倒下的一批人开始被压在身下，"最终被压了6至7层"，造成了超过300人的伤亡。这起灾难可以说是相关管理部门缺乏风险意识、应急准备不足，公众从众心理共同导致的悲剧。

（四）从众的利弊

从众具有社会适应意义。从社会宏观的角度看，社会功能的执行和文化的延续都需要保持与多数人观念和行为的一致。从众有利于群体共识的达成，少数服从多数的从众行为有利于维护社会的和谐和秩序。从个体的角度看，与群体中的大多数保持一致，才能够更好地被群体接纳，获得归属感，适应社会。因此，利用榜样力量，激发从众行为是引导公众良性效应的一种有效方式。

当然，从众行为还是有明显的弊端的。对于群体来说，任何一个群体如果只有一种声音是非常危险的。过度鼓励群体的一致性，严重压抑不同意见和选择的可能性，决策风险可能会增加。对于个体来说，非自愿地屈服于群体压力，会导致个性的丧失。自愿和群体保持一致，则要放弃思考。

（五）应急情境下的从众

在社会性危机事件中，从众是十分普遍的现象。比如在火灾、地震灾害逃生过程中，以及在重大公共卫生事件的应对过程中。

1. 不确定感是情境影响从众的重要中介

高阳等（2016）研究发现：在火灾情境下，个体在内隐和外显层面都有更高水平的自我不确定感，在逃生决策中表现出更多的从众行为。情境通过自我不确定影响个体的从众行为，控制个体自我不确定感可以控制危机逃生等应急情境中的从众行为。[1]

韩瑞康等（2022）研究发现：不确定感与从众正相关。表明个体在问题不明确、情境模糊或者个体对事件的发展感到不确定时，倾向于产生更多的从众行为。在紧急情境下，从众可能是消除不确定感的一种策略。[2]

2. 死亡凸显是危机情境下个体从众的重要诱因

高阳等（2018）考察了模拟危机情境的死亡凸显功能在引发从众行为中的重要作用及其生理、心理过程。研究发现：危机情境中引发从众的核心因素是死亡凸显，死亡凸显通过自我不确定影响个体的从众行为。[3]

3. 从众倾向是社会危机的衡量工具

在社会性的危机中，从众倾向的强弱可以反映民众非理性的心理紊乱程度，是社会危机的有效衡量工具。比如前文提到的上海封城期间的网络暴力事件以及新冠疫情期间的大规模抢购现象，都显示了群众在危机情境下的非理性化。对于从众现象的观察和测量是应急管理的重要举措，具有重要的预警作用。

二、服从

（一）概念界定

服从是指个体或群体在权威命令之下，迫于直接的或规范的压力而作出命令指定行为的现象。宋官东等（2008）从系统论思想出发，将影响服

---

[1] 高阳、李虹：《自我不确定对火灾逃生决策中从众行为的影响》，第十九届全国心理学学术会议摘要集2016年，第14页。

[2] 韩瑞康、林静远、梅颖等：《不确定感与从众：决断性与结构需求的中介作用》，《心理与行为研究》2022年第2期，第174—181页。

[3] 高阳、李虹：《模拟危机情境中死亡凸显在引发从众中的核心作用》，第二十一届全国心理学学术会议摘要集2018年，第178页。

从行为过程形成的因素分为环境信息系统、需求系统、经验系统、信息加工系统和行为反应系统等五个要素系统，从而形成了服从行为过程模式图，见图5-2。

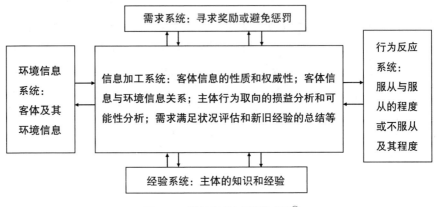

图5-2　服从行为过程模式图[①]

其工作流程如下：

经验系统的知识和经验经信息加工系统同化或顺应环境信息系统提供的直观信息，输入需求系统，并在需求系统中获得相应体验，形成服从行为的方向和动力；信息加工系统根据需求系统的指令开始系统搜寻环境信息系统提供的信息，并借助经验系统的知识和手段加工环境信息系统的信息；经过信息加工系统与环境信息系统、经验系统和需求系统的多次互动，形成主体服从行为的决策并指向行为反应系统；行为反应系统按照信息加工系统指令作出服从（或不服从）行为反应；行为反应系统通过信息加工系统为其他各系统提供反馈，并进一步作用于行为反应系统，以保证行为的协调与延续。

（二）关于服从的研究

米尔格莱姆（Stanley Milgram）的权威—服从实验开创了关于服从研究

---

① 　宋官东、杨志天、崔淼：《服从行为的心理学研究》，《心理科学》2008年第1期，第249—252页。

的先河。研究的被试是通过广告招募的40名志愿者。研究者声称他们进行的是关于学习的研究，考察教师对学生学习的影响。被试两两分组，其中一人为真被试，另一人为实验助手扮演的假被试。抽签决定被试的分工，一名为教师，另一名为学生。在被试不知情的情况下，通过实验操作，确保真被试总是被选作教师。教师的任务是教学生学习词语配对并检查学习效果。在检查的过程中，如果学生回答错误，教师就要通过电击惩罚学生。随着学生错误的增加，惩罚电压也要随之加大。

实验开始前，扮演学生的假被试被安排到一个单独的房间，让真被试看到他们被固定在椅子上，并在手腕上绑上电极。学生的手旁边有一个键盘，上有四个电键供学生在学习过程中回答问题使用。在教师的房间中，教师可以通过操作电击的机器即时看到学生的相应回答。安排好学生后，实验者带真被试回到教师操作的房间中，操作一台有30个电键的电击控制器。每个电键上都注明了电压的伏特数，电压从12 V到450 V不等，并有各自显示相应电压正在工作的指示灯。同时，设备上按每四个编号一组，标明了电击的严重程度，从"轻微电击"（编号1—4，电压15—60 V）一直到"危险：严重电击"（编号25—28，电压375—450 V）。最后的两个电键则用"XXX"作了明显标记。

实验开始后，如学生的回答是错误的，实验者就让被试打开电键，给予电击，并逐渐增加电击强度。如果被试犹豫，实验者就告诉被试，由于实验需要，你必须继续。

实验结果与研究者的预测不同，40名被试中只有5人到300 V后拒绝再行提高电压。有4名到315 V时开始不服从实验者的指示。在330 V停下的有2人，345 V、360 V、375 V停下的各1人。总共有14名被试，在电压过大时拒绝执行实验者命令，占总数的35%。更多的被试（26人），一直服从实验者的指示，将实验一直进行到最后，直至电压加至最高的450 V，占总数的65%。虽然许多人表现出极大的心理压力，甚至对主试表示愤怒，然而，他们还是服从了命令。

实验验证了研究者的假设：人类有一种服从权威命令的倾向性，即使这个命令违背他们自己的道德和伦理原则。正如我们在人类历史上惨绝人寰的大屠杀以及城管穷凶极恶地驱逐小商贩的行为中所看到的。

（三）不服从

在米尔格莱姆的权威服从实验中，有35%（14名）被试，在电压过大时拒绝执行实验者命令。随着惩罚的不断加剧和学生"痛苦"反应的不断加深，其实所有被试都面临道德与规则的内心冲突和两难选择。这35%的被试突破了规则的底线，选择了道德。米尔格莱姆在实验之后采用科尔伯格（Lawrence Kohlberg）道德判断问卷测试发现：处于道德发展高水平的第5、6阶段上的被试有75%的人拒绝权威的命令，停止用电击惩罚"学生"；处于道德发展第3、4阶段的被试中只有12.5%的人对权威的指示表现出不服从。可见服从的程度与道德发展水平有关。"道德与规则抗争说"可以解释很多现实中的社会现象。例如，当人们看到那些拿着微薄薪水并不富裕的个别城管人员穷凶极恶地打人、砸东西、没收小商小贩们赖以生存的劳动工具时，他们不是不知道底层百姓生活的艰难，而是个别城管人员在道德与规则抗争中，规则战胜道德的结果。

（四）服从的原因

个体之所以会有服从行为，主要的原因有两个。

一是合法权力。通常社会赋予了卷入社会角色关系的一方更大的权力，而使另一方认为自己有服从他们的义务。比如学生应该服从教师、病人应该服从医生等。在实验中被试就应该服从主试，特别是陌生的情境更加强了被试服从主试命令的准备状态。

二是责任转移。一般情况下，我们对于自己的行为都有责任意识，如果我们认为造成某种行为的责任不在自己，特别是当有指挥官主动承担责任时，我们就会认为该行为的主导者不在自己，而在指挥官。因此，我们就不需要对此行为负责，于是发生了责任转移，使得人们不考虑自己的行为后果。

（五）影响服从的因素

通过对米尔格莱姆及后续研究者的研究结果分析，发现服从行为发生与否，服从的程度如何，受到以下主客观因素影响：

1. 命令者的特征。命令者的权威性（包括权力、地位、专业知识技能、经验、能力等要素）：命令者越具有权威，其命令被接受和服从的可能性越大；命令者发出的指令是否出于公心，对执行命令者是否关心、爱护等都会对服从产生影响。

2. 执行者的特征。人格特征：自我意识越强的个体，越善于独立思考决策，较少受到他人或群体的影响；道德发展水平：执行者的道德发展水平直接同其是否服从伤害他人的命令有关，道德发展水平越高，越倾向于按照自己的独立价值观行事，拒绝服从权威而去伤害他人。

3. 情境因素。是否有人支持自己的拒绝行为，周围人的榜样行为怎样，奖励结构的设置情况，自己拒绝或执行命令的行为反馈情况怎样等，也会影响到个体的服从行为。

（六）应急情境下的服从与不服从

新冠疫情期间，许多国家实施了一系列非常规的紧急措施：封城封路、社交隔离、静态管理等。这些非常措施的快速有效实施让以中国为代表的东亚国家的疫情得到了相对有效的控制。东亚国家在抗疫过程中的快速反应之所以可能并相对成功地控制住疫情蔓延与公民在新冠疫情期间表现出来的服从不无关系。由此可见，在社会紧急情况下，服从不仅是重要的而且是必要的。对于东亚国家在抗击新冠疫情过程中取得的成就，郭峻赫等（2022）否定了西方学者的"民主赤字和威权主义导致公民盲目服从"观点的解释，提出了以儒家角色理论为基础的公民服从伦理，即个体性和共同性是共通并相互促进的。个人与他者或政府的恰当合作是和谐社会理想的表达，也有利于促进和谐关系的建立。在疫情防控期间，公民的服从并不完全出于生命安全的考虑，还有一个人对其在关系中正当感的自我评估。儒家角色理论将东亚国家在危机中的公民服从诠释为人际行为中的"礼"，它根植于与他者和环境的角色构成关系中的公共及个人标准。

当然，在疫情中我们也看到有个别"不服从"的行为。例如：

2022年3月29日，德州市某区范某（男，47岁）在通过疫情防控执勤点时，不配合、不服从疫情防控人员疫情核查工作，拒不提供核酸检测证明、健康码等信息，并对工作人员进行辱骂，影响疫情核查正常工作秩序，给疫情防控带来了风险。

2022年1月8日22时许，从中高风险疫区流入东港区的邓某拒不落实7天集中隔离管控。在隔离管控期间趁防疫工作人员不备逃跑，后被公安机关抓获，强制将其送至隔离点进行集中隔离。

2022年8月7日22时许，儋州市某镇郑某（男，24岁）在静态管理期间驾车出行，不听防疫人员指令，驾车闯卡，涉嫌拒不执行人民政府在紧急状态情况下依法发布的决定、命令，被依法处罚。①

与米尔格莱姆权威—服从实验中的不服从行为不同，在新冠疫情即类似的社会应急情境中，服从意味着秩序和效率，可以在灾难中最大限度地减少伤亡，实现社会整体利益的最大化。同时，对于个体来说，危急时刻，服从也是一种道德修养和社会责任。相反，不服从者则成了群体中的害群之马，他们以自我为中心，缺乏社会公德和责任意识，影响了正常的防疫工作秩序，给疫情防控和周围的人带来风险。可见作为一种复杂的社会现象，服从的利弊不能一概而论，需要根据具体情况作具体的分析。

① 郭峻赫、李佳雯：《重思疫情民族主义：危机时期的公民服从伦理》，《国际政治研究》2022年第4期，第5—6、31—48页。

（七）服从与不服从的社会价值

1. 服从的社会价值

任何社会要想保持秩序正常运行都要对个人行为加以规范，个体出于归属感和价值感的需要，既有服从群体期待的本能倾向，又有服从社会道德规则和法律规则的公民义务。

服从的价值是显而易见的，从个人的角度看，服从社会的规则可以带来安全、效率，也可以获得他人的接纳和认可。例如遵守交通规则，可以最大限度地避免交通事故的发生，保证出行顺利、安全。在新冠病毒流行期间，服从防疫部门的安排，减少外出，出行报备、规范佩戴口罩、必要时居家隔离或集中隔离等，不仅可以减少感染风险，确保自身的安全，也是对邻里和社区负责，也是公民应尽的社会责任。相反那些私自外出、隐瞒行程，造成病毒感染，扩大传播的，导致地区不得不静止封城的，不仅损害了自己的健康，而且成为千夫所指。从群体的角度看，如果人们都按照规则行事，那么他们的步调就会一致，就会减少甚至消除人们行为之间的矛盾或冲突，有利于社会的和谐发展。

2. 不服从的社会价值

在西方国家"公民不服从"曾经受到广泛的讨论和关注。虽然在中国现阶段，公民不服从还处于理论和萌芽阶段，尚未构成实践问题。但是不可否认这种前瞻性的理论探讨在转型时期具有特殊意义。在一个基本公正的民主社会中，公民通过正当的方式表达某些合理但不一定合法的诉求或建议，其实是社会稳定的安全阀，使人们对社会制度内不完善的地方有宣泄、释放情绪的途径，从而有利于长远的稳定发展。比如，将一些群体性事件限制在一定的秩序和可控制的程度之内，将其不稳定的因素降低，使其程序化、有序化，将成为缓解社会压力、发泄积压情绪的解压装置和降压阀门。

还有一些人选择不服从行为是因为法律或权威命令与自己内心的道德

良知相冲突时，选择了遵守良知这一更高层次的动机，而拒绝执行法律或权威命令的规定。这样的不服从行为有益于法治的良性发展和社会公平正义的实现。比如美军在越南大屠杀时，有一名军官拒绝执行命令。事后的调查证明，这名军官的坚持是对的，那些美国士兵枪口指向的所谓"越共"其实都是越南平民。在新冠疫情防控的过程中，部分基层工作人员层层加码和粗暴执法的现象时有发生，引起了群众的不满，也给疫情防控工作带来阻力。可见，普遍提高公民尤其是国家公职人员的道德水平，使其在是非面前有独立的思考和判断能力，在规则和命令面前不盲从、不轻信，也是推动社会进步的重要途径。

第二节　社会助长与社会堕化

实验研究观众对跑速的影响发现：只要有一个注意的观众存在（即与跑步者保持目光接触）可以明显提高跑步的速度。[1]我们在日常生活中也可以观察到类似的现象：运动员在主场比赛的时候通常会有更好的表现和成绩；演员在观众的掌声和喝彩中会呈现更富有激情的表演。这些都是他人在场和群体环境的影响。这一节我们主要介绍社会助长和社会堕化两种社会影响效应。

一、社会助长

（一）概念界定

社会助长也称社会促进，《中国大百科全书·心理学》把社会助长定

---

[1] Strube M J，Miles M E，Finch W H. The social facilitation of a simple task：Field tests of alternative explanations[J]. Personality and Social Psychology Bulletin, 1981, 7: 701-707.

义为"由于他人在场而导致个体作业水平提高的现象"。[①]其中,他人在场并不依赖同当事人进行直接的交流或为当事人树立榜样,仅仅是在场就可以观察到社会助长效应的存在。

我们也可以观察到社会助长并不总是发生,有时还会发生相反的作用,即他人在场导致行为效率的下降,我们称之为社会干扰或社会抑制。例如,表演者(钢琴家、朗诵者)在舞台上更容易犯错。

(二)社会助长的心理机制

那么究竟社会助长为什么会发生,是如何发生的呢?社会助长和社会抑制分别在什么情况下发生呢?心理学家提出了不同的看法。

社会唤醒理论(Zajonc, 1965)认为,他人在场唤起了个体的竞争和被评价的意识,对个体产生激励和驱动的作用,驱动个体以新的方式更快更好地行动。随着唤醒水平的提升,个体的优势反应(个体在特定情境下最有可能产生的反应)也随之提高,但是劣势反应会被抑制。然而,该理论没能很好地解释一些优势反应受到抑制的情况。[②]

分心—冲突理论(Baron, 1986;Baron et al. 1978)认为,他人在场的情况下,个体要在任务和他人之间作出注意力选择,这一冲突导致驱力的增长,同时也存在认知超载的可能。因此,如果任务简单,忽略的线索与任务无关,则可能提高成绩;若任务比较复杂,注意空间上的狭窄导致忽略掉与任务有关的重要信息,则导致成绩下降。[③]

认知资源的视角(罗映宇等,2021)认为,他人在场下,个体对当前任务投入的认知资源程度是导致个体行为差异的重要原因。当前任务所需认知资源较少的情况下,个体有多余的认知资源可供调配,他人在场促使

① 李朝旭、冯文侣:《社会助长研究的历史与现状(Ⅱ)》,《心理学动态》1999年第4期,第62—68页。

② Zajonc, R. B. Social facilitation[J]. Science, 1965, 149(3681): 269–274.

③ Baron, R. S. Distraction–conflict theory: Progress and problems. Advances in Experimental Social Psychology, (1986). 19, 1–40. Baron, R. S., Moore, D., & Sanders, G. S. Distraction as a source of drive in social facilitation research[J]. Journal of Personality and Social Psychology, 1978, 36(8): 816–824.

个体投入更多认知资源到当前任务中，提升任务效果；当前任务所需认知资源较多的情况下，个体认知已经接近满负荷，他人在场不仅无法促进个体对任务投入更多认知资源，反而产生分心作用，降低任务效果。[①]

各种理论相互补充，可以帮助我们对社会助长和社会抑制有更清楚的了解。

（三）应急管理中的社会助长效应

在社会心理学领域中，当我们把组织或群体看作一个行为单元，也可以看到社会助长效应的存在。

通过对2003年"非典"和2019年新冠疫情两次公共卫生事件我国政府的应急管理措施进行对比分析，可以看出我国政府在两次事件的应急管理指挥体系、应急管理反应速度、应急管理司法监管以及应急管理社会联动方面存在较大的不同。可以说，在2019年新冠疫情的应对中有了很大的进步。这既与公共卫生事件应急管理经验的积累有关，又与国家政治、经济、医疗、卫生等领域的发展和综合国力的提升有关。这里我们仅从信息管理的视角分析群众监督对于提高政府执政水平所起到的社会促进作用。

在2003年"非典"疫情中，政府在疫情发生四个月后才公布防控信息，信息发布的不及时导致谣言四起，市场失序，民众恐慌；而在应对2019年新冠疫情的过程中，政府在信息发布方面有了很大的进步，仅一个月就公布了疫情防控信息，并借助互联网工具密切发布最新消息（包括感染人数、重症人数、死亡人数等）。信息发布渠道的畅通极大程度上保证了人民的知情权，更有助于普及相关知识，引导人们科学防治疫情。与此同时，互联网工具也被用来及时公布市场监管信息，打击假冒伪劣，加强防疫物资质量和价格监管，惩处新冠疫情期间破坏疫情防控的违法犯罪

---

① 罗映宇、孙锐、王艺翔等：《认知资源：解释社会助长效应的新视角》，《心理科学》2021年第5期，第1049—1056页。

行为，既保障了社会的稳定有序，又稳定了民心，缓解了社会的恐慌和焦虑。

首先，两者的差别可以归因为信息技术的发展。2003年"非典"疫情时期，我国信息技术发展方兴未艾，整个互联网处于初级阶段，疫情最初，互联网虽然也作为信息发布的重要渠道，但是运用方式较单一，信息发布的主要渠道还是依赖于电视、广播等传统媒介，信息的交互较少，引发了群众的恐慌。而2020年新冠疫情肆虐之时，我国信息技术发展迅速，在疫情防控之中担当着重要的角色，例如数据库平台技术为社会各级治理主体应对疫情提供了多维、动态的参考数据，能够使管理部门了解全国不同城市人口的迁徙情况，使社会治理更加精准、高效，有利于政府及时有效做好疫情防控工作；为了更好地开展政务工作，很多政府部门都开通了微信公众号和官方微博，不仅可以通过多种途径发布信息，而且方便了群众与政府之间的互动交流；自媒体的发展如火如荼，让普通民众有了发出声音、表达诉求的便捷渠道和舞台。

其次，信息技术的日新月异，让政府的应急管理行为处在公众的视野下所产生的社会助长效应。公共卫生事件是全社会普遍关注的大事，政府作为公共事务的管理者，对于公共卫生问题和社会稳定负有直接责任。在疫情防控过程中各地政府扩大信息的开放和共享，形成了一种"他人在场"的情境氛围，让政府更加审慎地思考和行动，最大限度地维护了人民群众的生命安全和利益，及时发现并解决应对突发危机事件过程中存在的不足和问题。与此同时，自媒体的发展也成为监督政府应急管理行为的有力工具。

当然这种基于信息技术构建起来的"他人在场"感和社会助长效应不仅存在于公共卫生事件的应对过程中，也普遍存在于自然灾害、事故灾难和社会安全事件的应急管理过程中，对应急管理产生了积极作用。

二、社会堕化

（一）概念界定

社会堕化，也称社会逍遥，指的是群体一起完成一件事情时，个人所付出的努力比单独完成时偏少的现象。中国传统故事"一个和尚挑水喝，两个和尚抬水喝，三个和尚没水喝"就是社会堕化的典型例证。心理学家达希尔（Dashiell,1930）通过对被试在不同规模拔河比赛中拉力的测量，证明了社会堕化现象的存在：一人一队平均拉力为63千克，两人一队平均拉力降到59千克，三人一队时平均拉力降到53.3千克，八人一队时人均拉力仅剩31千克。[①]

（二）社会堕化的心理机制

从心理学角度分析，社会堕化的产生主要受到以下因素的影响：

1. 个人贡献是否能被识别

根据强化理论，当个人认为他们的努力可以在群体结果中体现并被清晰识别，进而可以获得价值感和满足感时，个人的努力会受到强化，社会堕化不容易发生。相反，当个体的贡献淹没在群体中不被识别时，就很容易发生社会堕化。例如在人民公社时期，农村集体经济分配制度都是平均主义大锅饭，干与不干、干多干少、干好干坏一个样，农民的生产积极性没有得到调动，导致生产效率低下。这就是社会堕化的例证。改革开放以后，农村实行家庭联产承包责任制，改变了平均主义的分配方式，使农民的劳动与收入直接联系起来，极大提高了农民的生产积极性，有效地克服了社会堕化对社会生产力发展带来的消极影响。

---

① 金盛华：《社会心理学》（第三版），高等教育出版社2020年版，第396页。

2. 成员对群体的认同感

当成员对群体缺乏认同感时，更容易产生社会堕化的效应。这里的群体认同既包括对群体的价值、理念、目标、策略的认同，也包括对群体成员、群体文化、群体氛围的认同。相反，具有高度群体认同感的成员倾向于与组织荣辱与共，可以有效抑制社会堕化的发生。牛治亮等（2018）对科研团队的研究发现，良好的组织氛围感知，如公平、信任等，会抑制社会堕化效应的发生。[①]

3. 个人的动机

根据动机理论，人类行为的动机可以划分为外部动机和内部动机。当团队成员被外部动机（如奖励、回报）所驱动时，个体很容易受外部环境的影响而出现动机损失，并进一步导致社会堕化现象的产生，比如说群体中的"搭便车"现象。而当团队成员被内部动机（如利他、实现自身价值）所驱动时，其动机不太容易受外部环境的影响，行为相对稳定。比如新民主主义革命时期的那些先驱，为了信仰和理想前赴后继，他们并不在意是否有人记住了他们的功勋，能否得到奖励，也不会计较这种为革命的奉献和牺牲是否公平。

（三）社会堕化现象对应急管理的启示

社会堕化是在群体中非常常见的现象，也是管理者需要极力减少和避免的现象。社会管理者对社会堕化进行控制和弱化，才能发挥群体效用，提高工作绩效，达成组织目标。

应急管理主要是针对突发事件所采取的一种应对管理行为，其目标是在尽可能短的时间内，对突发性的危机事件采取有效的措施，从而预防、减缓和消除其带来的不利影响。应急管理面临的任务具有高突发性、高紧急性、高不确定性和高社会影响性的特点，因此，在应急管理中有效避免

[①] 牛治亮：《组织氛围感知与个人动机对科研团队社会堕化行为的影响分析》，《昆明理工大学学报（社会科学版）》2018年第2期，第69—75页。

社会堕化具有更高的社会价值和社会期待。

有效抑制社会堕化，需要在制度设计上区分个体的努力程度，提高成员的参与度和贡献的鉴别性，完善具体可行的考核奖惩制度；加强组织的文化建设，建立成员普遍认可的价值观和目标，营造公平、信任、互助、合作的良好氛围，提高团队成员的归属感和认同感；激发团队成员的内在动机。

从以往的应急管理经验来看，政府部门之间的条块分割和不同级别政府分工不明往往导致了职责不清、推诿扯皮、贻误良机等问题的发生。将2003年"非典"和2020年新冠疫情政府应急管理指挥体系进行对比，我们可以发现，"非典"疫情的应急管理主体是在中央设立全国防治"非典"指挥部，各级地方政府也相应建立了地方指挥部，由于应急管理经验不足，导致了管理方式上出现了"两头管理"，虽然名义上的是中央统管地方各级应急管理指挥部下辖的疾控中心，但是由于以往地方疾控中心隶属于地方政府管理，当"非典"疫情发生时，就出现了既要请示地方政府，又要上报国家的现象，不仅没有发挥中央对地方的统领作用，反而影响应急政策的时效性。而在新冠疫情中，我国建立起了国务院统领国家卫健委突发公共卫生事件应急指挥部、省级突发公共卫生事件应急指挥部、市县级突发公共卫生事件应急指挥部的应急管理指挥体系，采取垂直管理取代"两头管理"。高度集中化的应急管理指挥体系，有效地保障了行政部门和疾控中心之间的信息畅通、决策执行的时效性，从中央到地方各级行政机构和企事业单位，实现了分工明确，指挥协调，保证了应急管理指挥体系管理效能的发挥。可见，在应急管理中，责权明确是确保工作时效，达成预期目标，避免社会堕化的重要前提。

此外，重大公共卫生事件具有高度的复杂性，往往牵一发而动全身，需要不同层级、不同部门和组织的通力合作，加强跨部门的协调能力，就成为提升应急管理水平的关键问题。新冠疫情期间我国政府在社会联动方面表现卓越：我们一次次感受到了医护人员逆向而行；全国各地的物资驰援重点疫区的感人场景，政府公务员、社区工作者、群众志愿者密切配合，医药专家、企业家、普通民众各司其职，各有担当。这是社会主义优越性的体现，也是全国人民团结一心共克时艰的生动表达。这种对国家、民族、文化、道路的广泛而深刻认同感，既是我们克服社会堕化，取得抗疫成果的宝贵资源，也是我们应当引以为豪，需要在以后的应急管理中继承和发扬的。

第三节　群体决策

决策是指作出决定的过程，即从达到特定目标的多种方案、方法和手段中作出选择或决定。[①]在一些重大问题的决策中，为了避免个人的认知局限、主观偏好等对决策质量的消极影响，人们往往会用群体决策代替个人决策，借助具有不同知识结构、不同背景、不同领域、不同经验的专家组和智囊团。

一、群体决策的质量

群体决策是否一定优于个人决策？答案是：不一定。

研究者曾经用经典的智力测验"卖马"难题进行对个体决策和群体决策比较的研究。结果发现：独自一人解答，正确率为45%；被试组成5—6人小组共同回答，正确率得到提高。在群体决策的情况下，群体领导者的风格也会对决策质量产生影响：在不活跃型领导者（领导者仅仅观察成员

---

① 郭瑞鹏、孔昭君：《危机决策的特点、方法及对策研究》，《科技管理研究》2005年第8期，第151—153、164页。

讨论）的群体中，回答正确率为72%；在鼓励型领导者（领导者鼓励所有成员发言）的群体中，回答正确率为84%。当小组中仅有一人持正确答案时，鼓励型和不活跃型领导者的小组正确率分别为76%和36%。

可见，在相对简单的智力问题上，群体决策质量在整体上高于个人决策。不过对于群体中最优秀的个体而言，个体决策的质量，可能要高于群体决策。群体决策究竟是否能够达到预期的效果，还受到群体领导者风格的影响。因此，究竟采取群体决策还是个人决策，还需要根据任务性质、个人能力等具体情况具体分析。

二、群体极化问题

群体决策虽然相比个人决策具有很多优势，但是也存在一些弊端，是我们在进行群体决策时需要警惕的。

（一）群体极化

群体极化是指群体成员原已存在的倾向性得到加强，使一种观点或态度从原来的群体平均水平加强到具有支配性地位的现象。即在群体中原本多数人赞同的意见被正向增强，变得越来越被接纳和认可，获得压倒性的优势；相反，原本群体中被反对的意见也会被增强，群体的态度倾向朝两极方向运动。

（二）群体极化的机制

社会比较和信息的作用共同促使了群体极化的发生。社会比较的观点认为，人们希望能够在群体中表现得自信、果断而非优柔寡断。因此，当个体尚未作出明智的判断时，会选择跟大多数人保持一致，快速得到答案。信息的观点认为，当群体中有一种观点获得最大程度的认可时，这种信息不仅使原有的支持者更坚定，也会对其他成员产生影响，最终转向这个观点。

（三）群体极化的后果——冒险转移

虽然群体有达成一致的目标和需要，但很明显，群体极化是不理智的，甚至可能造成决策失误。因为群体极化导致群体决策比个人决策更具有冒险性。这种群体决策比个人决策更倾向于冒险的现象，称为冒险转移。

以心脏病手术为例，当个人决策时，手术成功率达到50%时才会接受手术，但是当群体决策时，成功率有30%便可以接受。这意味着手术风险从50%增加到了70%。

群体决策之所以会出现冒险转移现象，可以从以下三个方面解释：一是群体成员形成的心理支持氛围使他们更加开放大胆，敢于冒险。二是群体背景让个体成员的责任意识下降，倾向于尝试单独行动时不敢尝试的冒险行为（即使发生了糟糕的事情，也会有人共同甚至代替自己承担后果）。三是社会文化鼓励勇敢的价值取向，使人们倾向于通过高冒险行为获得社会赞许。

三、应急管理中的群体决策

在应急管理过程中，由于突发事件具有事发突然、事态复杂、高度不确定性、涉及范围广、破坏性异常严重、潜在次生衍生危害大等特点，应急决策因为信息有限、时间紧急、无类似经验可循等面临更大的挑战。任何部门、任何个人都不可能具备决策所需的综合性知识、信息和经验，需要多方面的、不同专业领域的专家参与，因此，应急决策通常需要群体决策。

（一）应急决策的主要特点

1. 决策目标动态权变。风险事件的应急决策本身是一个识别风险、规避风险与消解风险的动态过程。风险事件往往事发突然且不断发展变化，应急决策也需要随风险事态的演变而不断地作出调整和修正。因此，决策者需要对风险保持敏锐的感知，并且具有一定的灵活性。决策的过程中一定要做到"因时而定""因地而宜""因事而论"，防止墨守成规或枉曲直凑。比如在新冠疫情的防控过程中，随着病毒的变异，传播力增强，致病性减弱，政府也随之对防控政策作出了调整。

2．决策环境复杂多变。应急管理决策面对的是公共危机事件，涉及范围广、复杂度高，牵一发而动全身，需要复杂的系统思维。同样以新冠疫情为例，决策者不仅要考虑控制病毒的传播和影响范围，最大限度地保证人民群众的生命健康安全，而且要考虑经济、社会、民生等复杂的环境因素，在经济发展、社会稳定、民众生活保障和心理健康以及国际影响等诸多方面的平衡。决策难度和压力之大可想而知。

3．决策信息严重不对称。决策信息的不对称性主要表现在信息的不完全、不及时以及不准确三个方面。突发的风险事件及其发展态势具有很大的未知性和不确定性。以新冠疫情为例，在疫情发生初期，我们对它知之甚少，仅有的碎片化信息也是源于对已发病例的观察和探索，加之对信息加工处理也需要时间，因此具有滞后性。同时，由于认知的局限，即使是经过观察和探索，人们也不一定能够在决策的有限时间内获得最准确的信息。另外，信息在传递和反馈的过程中可能会造成信息失真，难以保证信息的准确性和有效性，这些都会对决策质量产生影响。

4．决策问题的非结构化。结构化问题往往条件清晰，目标单一，有固定的程序和方法，处理起来比较容易；而应急决策恰恰相反是非结构化的，这意味着初始状态不清晰，没有现成的路径供选择，发展方向不明确，烦扰因素纷繁复杂，且没有现成的经验可以借鉴。因此，在进行应急决策时，我们应该尽量简化决策步骤，抓住主要矛盾，保持敏锐的直觉和洞察力，勇敢果断，善于创新。

（二）应急群体决策的方法

1. 组建决策群体。在应急决策过程中，大多数的判断和决议是靠人来作出的。人是决策系统中最基本的要素，是决策的主体。因此，决策群体的构成直接决定着决策质量和应急效果。应急决策群体的构成应考虑以下因素：第一，合理的专业知识结构，利于提高危机决策群体的创造性、开拓性和应变能力。第二，合理的能力结构，包括决策、应变、判断、分析、指挥、组织协调和创造等。每个个体不可能面面俱到，只有群体优势互补，才能满足危机决策过程中的各种不同要求。第三，决策群体内部少行政化或去行政化，减少权力、地位等对决策过程的干扰。

2. 形成科学合理的决策群体组织结构。应急管理是政府的职责，因此，应急决策必须由政府部门来完成。但现有的政府职能部门通常是针对常规结构化问题而专门分工的，不能满足危机决策群体成员结构的要求。因此，针对具体问题，需要设立正式的应急决策群体，再由该群体制定合理的对策，处理由危机事件引发的一系列问题。应急决策群体是由政府各相关部门的管理者、专业技术人员，社会上的有关专家、学者组建的临时群体，他们有着不同的资历、智慧、经验和行为风格。领导者的沟通是影响决策质量的重要因素。领导者需要营造民主的群体氛围，鼓励成员充分交换信息，避免成员屈从于某些微妙的限制或压力而形成虚假的一致；领导者还需要掌控沟通的方向和效率，保证决策时效；领导者还需要有掌控大局的决断力。在群体决策中，沟通是一个交换信息、增进理解、集思广益的过程。只有通过大量的交互、协商，才能促进群体一致最终形成。

3. 注重现代信息技术的运用。现代信息技术的发展为应急决策提供了更加丰富的工具和手段，这些新技术可以有效地避免群体极化的发生，提高群体决策的质量。比如，徐选华等（2022）基于数据挖掘技术、网络分析法等提出了基于公众行为大数据属性挖掘的大群体应急决策方法。首先，通过利用TF-IDF、Word2vec等技术对社交平台上的公众行为大数据进行挖掘，获得群体决策属性信息用来辅助专家决策，提高决策的科学性和有效性；其次,基于社会网络分析获得决策者权重；最后，基于决策者间信任关系的共识调整方法进行共识调整以获得最终群体决策矩阵和方案排序。研究者还通过新冠疫情决策案例，证明了方法的可行性和有效性。[①]相信随着信息技术的发展，将有更多的新技术和新方法应用到应急管理决策中去，以助力国家应急管理事业的发展和社会治理能力的提升。

---

① 徐选华、余紫昕：《社会网络环境下基于公众行为大数据属性挖掘的大群体应急决策方法及应用》，《控制与决策》2022年第1期，第175—184页。

第六章

应急素质养成与安全共识理念形成

进入21世纪以来，世界范围内自然灾害、重大传染疾病等各种公共危机事件频繁发生，进入了社会学家乌尔里希·贝克提出的"风险社会"：一种后工业化所产生的副作用，是全球化发展和科学技术进步带来的结果。风险社会的到来，让风险应对成为常态，公民应急素质的养成与社会安全共识理念的建立不容忽视。

第一节　角色与角色胜任力

莎士比亚在其《人间喜剧》中说道："全世界是一个舞台，所有的男人、女人都是演员，他们有各自的进口与出口，一个人在一生中扮演许多角色。"这段话很好地道出了社会人生与戏剧扮演的相似性。在社会的大舞台上，每个人都要扮演一定的角色，角色使个体与社会建立起联系，同时也赋予了个体特定的行为方式。比如说军人要保家卫国，表现得坚强、勇敢、服从命令；教师要传道授业，不仅善于掌握知识，而且富有爱心和责任心。但是，人们并不一定会将每个角色都扮演得恰如其分，角色扮演成功与否与个体的素质、能力等密切相关，这就涉及胜任力的问题。

一、角色理论

"角色"本是戏剧表演中的专有词汇，是指戏剧表演者在舞台上所扮演的特定角色人物。1935年，符号互动理论学家米德（George H. Mead）将"角色"这一概念引入社会心理学领域，他认为每个个体都是自己所承担的角色扮演的总和，而这些角色都代表着其所处的社会地位和相应的一套角色行为模式。如此，通过戏剧角色比拟来分析社会行为的理论统称为"角色理论"。

在社会学意义上，角色是结构性社会整体中的节点，它把单个的行为者纳入社会整体中，通过期待性（如道德、习俗）或限制性（如法律、法规等）的行为规范完成对个体的社会化；同时，它又是个体行动者理解和实现自我的方式，必须通过单个的行为者对它的认知、认同、选择和扮演才能最终得以实现，这体现了个体行为者自身的主体性、独立性和创造性。因此，个体在社会中的行为是由客观的行为环境、社会的要求与规范、他人的角色表现、自身对角色的理解、个人的个性能力等因素共同决定的。角色理论既强调社会环境对行为的定向作用，也重视个人的角色创造，对于社会行为分析具有重要价值。

角色理论并不是一个单一线索的理论体系，而是由多种来源的概念演化发展起来的一种分析取向，其内涵丰富。这里我们只介绍与应急社会心理学密切相关的一些概念。

（一）角色

关于角色的概念有不同的理解，郑杭生（2003）认为，社会角色是构成社会群体的基础，是人们对所处社会地位的行为期望，它有一套与自身角色一致的行为模式。向春玲（2020）认为社会角色是符合个人特定社会地位并符合特定要求的一套行为模式。这里我们采用金盛华（2020）在

《社会心理学》一书中给出的比较综合的定义：角色是指一定社会身份所要求的一般行为方式及其内在的态度和价值观的基础。[①]分析其中包含的四个核心要素，有助于我们更好地理解角色概念：①角色的扮演者，即社会结构中的组织或个人；②社会地位，即角色在社会结构中的位置，及其所决定的与其他主体之间的关系；③行为方式，以社会期待的形式表现出来的社会对角色扮演者的行为规范要求；④行为方式的内在基础的心理依据——态度和价值观。

（二）角色期望

对于每一个社会角色，他人或社会都会希望扮演者可以按照行为规范进行演绎，这就是角色期望。当然，在个体社会化的过程中，这些来自外部的角色期望也会内化为人们对自己角色的期望与评价。因此，角色期望包括两个部分：来自外部的——社会或他人的角色期望和来自自我的角色期望。自我期望总是以外部社会期望为标准，但又不完全相同，个体在内化外部社会期望时会对其进行主观的过滤和加工。

（三）角色扮演

个体一旦具备了担任某一角色的条件时，就需要按照角色期望去执行、演绎该角色，这就是角色扮演。角色扮演的成功与否受到很多因素的影响，主观因素包括角色认知是否清晰、准确，个人的角色期望是否与社会期望相契合，角色扮演者个人的素质能力等；客观上的角色超载和角色冲突也是导致角色扮演失败的原因。其中，角色超载是指当人们同时扮演着超过自身能力的多个角色时，出现力不从心的现象。角色超载不仅会影响个人身心健康，还会给组织或社会带来不良的影响。角色冲突是角色理论中的一个重要而复杂的概念，我们在下文中将详细展开。

---

① 金盛华：《社会心理学》（第三版），高等教育出版社2020年版，第37页。

（四）角色距离

在角色扮演的过程中，如果出现自身素质、能力和水平与理想角色之间的差异，无法领悟与实践好这一角色，就会出现角色期望与角色扮演不符的情况，即角色距离。

（五）角色冲突

角色冲突是指在社会角色的扮演中，在角色之间或角色内部发生了矛盾、对立和抵触，妨碍了角色扮演的顺利进行，具体包括角色紧张、角色内冲突和角色间冲突三种情况。

1. 角色紧张

角色紧张是同一个主体承担同一角色时存在的一种冲突。对应同一特定身份，不同的人或社会群体可能会持有不一致的多种角色期望，因此，角色扮演者会被要求按照不同的角色模式去行动。这样，当一个人受时间、精力或能力的限制，不能同时满足不同角色期望，同时这些角色期望对其又都具有一定意义，回避履行任何一方面都会出现消极后果（如受制裁或被人拒绝）的时候，就会出现角色紧张。比如医生的角色，病人希望少花钱就把病看好，但是医疗资源市场化运作以后，很多医院的业绩考核却让医生不得不开大处方，甚至安排病人做一些不必要的检查和治疗。

2. 角色内冲突

在现实生活中，一个人往往同时具有多种不同的社会身份，对应于这些不同身份，外部社会的要求有时是互不相容的，因而，会在一个人身上引起冲突。同一主体不能同时满足对其有意义的多种角色期望而扮演不同角色时出现的矛盾心态称为角色内冲突。自古所谓的"忠孝不能两全"，就是典型的角色内冲突。

3. 角色间冲突

角色间冲突指不同的主体所扮演的相对角色之间的冲突。比如说夫妻之间的冲突，亲子之间的冲突。

角色扮演者能否扮演好角色取决于多种要素，如扮演者对该角色的领悟程度、执行意愿与实践能力等。因此，只有明确自身的角色行为模式，准确领悟所扮演的角色，满足角色扮演情境中的各项胜任力要求，正确扮演好专业角色，才能成为社会舞台上一个合格的角色。

二、胜任力理论

"胜任力"（competence/competency）来源于拉丁语"competere"，其原意为适当的（suitable），在汉语中将其翻译为能力、才能、素质、资格、胜任力、胜任特征、胜任素质等。对胜任力的研究，最早发生在管理学领域。20世纪初，泰勒关于"时间—动作"的研究，开启了胜任力研究的先河。1973年，哈佛大学著名心理学家戴维·麦克利兰（David C. McClelland）在文章测量胜任力而非智力中正式提出"胜任力"这一科学概念，引发了"胜任力运动"的革命。他主张传统的智力测验、学绩测验、能力倾向测验等不能有效预测一个人在事业上或生活上的成就，应该代之以胜任力测试，即对高绩效者所具备的知识、技能、社会角色、自我概念、特质和动机等关键特征进行建模与测评。[1]该文章发表以后，胜任力评价风靡整个企业界，其影响逐渐扩展到各行各业。目前，有关胜任力的研究在心理学、人力资源管理、教育学等领域被不断发展并广泛使用。

（一）概念界定

胜任力是指能将高绩效者与一般绩效者区分开来的，可以通过可信的方式度量的知识、动机、特质、自我概念、态度、价值观、行为技能和个人特质。[2]胜任力的概念包含四个要素：一是与某一角色或某种情境相

---

[1] McClelland, D. C. Testing for competence rather than for "intelligence." Am. Psychol. (1973). 28, 1-14. doi: 10.1037/h0034092.

[2] McClelland, D. C. Identifying competencies with behavioral-event interviews. Psychol. Sci. (1998). 9, 331-339. doi: 10.1111/1467-9280.00065.

关；二是能够区分优秀绩效和普通绩效；三是由动机、特质、自我概念、态度、价值观、知识、行为技能等要素构成；四是可测量。

（二）胜任力理论模型

目前，专家提出的胜任力理论模型主要有冰山模型和洋葱模型两种。

胜任力冰山模型（图6-1）。该模型主张有五种类型的胜任力要素：社会动机、特质、自我概念、知识和技能、行为。其中知识和技能是处于水面以上看得见的冰山，最容易被了解和改变，社会动机和特质潜藏于水面以下，不易触及，难以测量、改变或发展，却是区分绩优与一般的关键因素，自我概念介于二者之间。

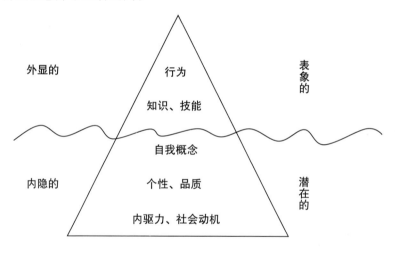

图6-1　胜任力冰山模型

胜任力洋葱模型（图6-2）由美国学者理查德·博亚特兹（Richard Boyatzis）在《有效管理者：高绩效胜任力模型》中提出。它是对冰山模型的另一种解释。它在描述胜任力要素时由表及里，层层深入，最表层的是知识和技能，里层核心内容是个体潜在的特征。

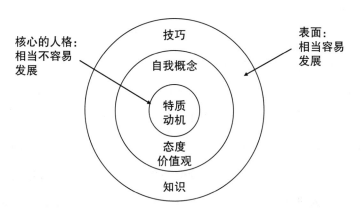

图6-2　胜任力洋葱模型

（三）胜任力相关研究

此后，研究者通过行为事件访谈法、关键成功因素法、职能分析法等针对科技界、制造业、销售业、政府单位、军队、医疗保健、教育以及宗教团体等行业领域的不同职业角色进行胜任力的建模和应用研究，取得了大量的研究成果并在人力资源管理领域发挥了作用。

如前所述，在应急管理过程中，人是最重要也是最核心的要素。因此，面对风险社会的各种挑战，提高全民应急素质，构建安全理念是重要且必要的。

第二节　应急素质养成

党的二十大报告指出："要完善国家应急管理体系"，"推动公共安全治理模式向事前预防转型"，"提高防灾减灾救灾和急难险重突发公共事件处置保障能力"，"加强国家区域应急力量建设"。"十四五"国家应急体系规划指出：到2025年，应急管理体系和能力现代化要取得重大进展，形成统一指挥、专常兼备、反应灵敏、上下联动的中国特色应急管理体制，建成统一领导、权责一致、权威高效的国家应急能力体系，安全生产、综合防灾减灾形势趋稳向好，自然灾害防御水平明显提升，全社会防范和应对处置灾害事故能力显著增强。到2035年，建立与基本实现现代化相适应的中国特色大国应急体系，全面实现依法应急、科学应急、智慧应急，形成共建共治共享的应急管理新格局。

可见，与风险社会相适应，应急管理呈现常态化趋势。然而，政府作为单一行政主体，在风险治理过程中的缺陷性和风险的"跨域性""溢出性"让每个人都难以独善其身。全社会的共同参与显得尤为重要。我国《突发事件应对法》规定，公民和各类社会组织有义务服从政府的决定和命令，配合政府采取的应急处置措施，积极参加应急救援工作，协助维护社会秩序。总之，应急管理目标的实现既有赖于政府应急治理能力的提高，更离不开全体公民应急素质的养成和全社会安全共识理念的形成。

一、应急素质的内涵

"急"指的是事件突发的情境，包括自然灾害、事故灾难、公共卫生事件、恐怖袭击、经济危机等对公众的生命健康、财产安全，社会的基础设施和生态环境甚至国家或地区的稳定造成威胁的事情。"应急"是对突发紧急情况的应对和处理。应急素质指的是扮演应急管理不同角色的主体，有效应对危急情境的威胁和挑战，达到应急管理目标所需要具备的知识、能力、态度、价值观、动机、特质、自我概念等要素的综合。

根据胜任力冰山模型，应急素质可分为两个层次：一是基本的应急知识、技能，这些素质是外显的，容易被观察和检测，容易通过学习和训练获得改善；二是深层的应急素质，包括应急意识、应急态度、应急心理、对自我的认识和反思、应对突发事件的动机和性格特质等，它们是内隐的，很难被观察和检测，改变的难度更大一些。

二、应急素质在不同角色群体中的具体化

（一）普通公民

公众自身的应急避险素质是最大限度降低灾害或事故损失的关键。据相关部门统计，2008年"5·12"汶川地震发生后，生还的8.4万多人中有7万多人是通过群众自身的应急避险技能逃生的。可见，对于普通公民来说，掌握一定的灾难应对知识与技能，提升应急避险素质是十分必要的。

普通公民应急素质包括灾害预防和安全自救两个部分，并以灾害预防为主。根据胜任力的冰山模型和洋葱模型，普通公民在应急情境下满足自我预防和自我保护的角色期待需要三个层次的应急素质养成（见图6-3）：在知识层面，需要学习并掌握一些常用的医学急救和危机中紧急避险的知识、压力下的心理调适方法以及获得外界帮助的途径，具备基本的人际沟通技能和收集信息、选择信息、加工信息以及综合利用信息进行决策的能力。在态度和价值观层面，尊重生命，珍爱生命，愿意为了保护自己和他人的生命付出努力；对自己、他人和生活持有积极的态度；具有公德心，风险面前具有命运共同体意识，并愿意承担相应的责任。在特质动机层面，需要公民具有一定的适应性，能够适应环境的变化；具备一定的意志力，在困难面前不轻言放弃，并且朝着积极的方向努力；遇事沉着冷静，不慌乱、不盲从；具有一定的自我调节能力，包括对自尊、情绪、目标等的调节，以确保在任何情况下身心都不至于失调；对他人持信任和友善的态度。

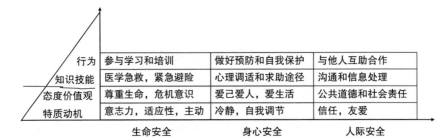

行为	参与学习和培训	做好预防和自我保护	与他人互助合作
知识技能	医学急救，紧急避险	心理调适和求助途径	沟通和信息处理
态度价值观	尊重生命，危机意识	爱己爱人，爱生活	公共道德和社会责任
特质动机	意志力，适应性，主动	冷静，自我调节	信任，友爱
	生命安全	身心安全	人际安全

图6-3　公民应急素质模型

目前的调查研究和社会实践显示，我国公民在参与应急治理的过程中还有很多不足，具体表现为以下两点。

1. 在危机发生前缺乏危机意识，公共精神不足

一方面，大多数公民认为应对公共危机和应急管理都是政府的事情，将自己作为公共安全管理的对象，过于信任和依赖政府，缺乏自我安全管理的主人翁意识和参与危机应对的主动性，甚至放弃本应承担的发现异常及时汇报的责任；另一方面，大多数公民的危机意识淡薄，应急知识储备不足，且缺乏警觉性和敏感性。

2. 在危机发生过程中应对能力不足，缺乏秩序

首先，公民应急知识掌握不够充分和牢固，导致在危机中自救能力不足，应变能力欠缺，决策不够果断，常常贻误自救和他救的最佳时机。其次，公民应对危机的心理承受能力不足。公民在危机面前容易惊慌失措、丧失理智甚至心理崩溃，无法作出有效的决策和行为反应。最后，公民在危机应对过程中的行为往往是非制度性的，难以达到预期目标甚至适得其反。[①]

总之，提升公民整体的应急素质是政府提高社会风险把控能力，完善应急管理体系的重要切入点之一。因此，必须把对公众进行系统全面的应急素质教育，培育和营造积极的社会应急文化，作为提升社会整体应急素

---

① 赵静：《公共危机治理中的公民参与角色认知的研究》，《行政科学论坛》2017年第8期，第27—30页。

质的重要组成部分，以养成公民在应急避险方面的理性自觉与自主参与，从而提高整个社会的安全应急能力。

（二）社会组织（社会工作者）

虽然政府是公共事务管理的第一责任人，在应急管理的过程中扮演主角，但是，面对日益频发的风险事件和社会救助需求的不断增加，政府包揽救援模式面临的问题越发凸显，政府的单打独斗显然是不够的。社会组织作为社会力量，在参与"5·12"汶川地震等应急救灾过程中，发挥了重要的补充和辅助作用。在强调建设协同治理的现代化国家治理体系背景下，社会组织在应急救灾中扮演的角色越发重要。社会组织因其具有专业优势、资源优势、效率优势、沟通及协调优势成为公共危机治理多元主体中的重要组成部分。

1. 社会组织的界定

"社会组织"由国外传入的"非政府组织"一词演化而来，指的是在政府之外的志愿者组织和非营利性的部门。在我国主要以社会团体、民办非企业单位和基金会的形式存在，通常具有自治、志愿、非政府、非营利的特性。

2. 社会组织在应急管理中的优势和角色定位

我国社会组织发展较晚，自2008年"5·12"汶川地震起，才正式参与到应急救灾中来。在多次应急救援中，社会组织凭借自身的灵活、接地气、人文关怀等特点有效地补充了政府救灾过程中的不足，并日益受到关注和重视。与政府应急管理相比，社会组织的优势在于：（1）效率优势。社会组织的行政体系相较于政府更为精简，组织机制更灵活，决策成本低，反应速度快，可以有效避免科层制体制导致的反应滞后。（2）专业优势。社会组织具有一定专业性，聚集了某一领域的专业人才，可以提供专业化的技能服务。（3）理念优势。社会组织的非营利性决定了其行动理念的志愿性，参与社会应急救援完全基于责任与利他的动机，这让社会组织的应急救援行为更具有动员力和影响力。（4）资源优势。社会组织具有民间性，扎根基层，了解地理人文，积累了充足的人脉资源，有利于工作的开展，可以通过广泛而细致的参与，关注细节，力量下沉。

社会组织在突发公共事件应急管理的过程中扮演了多重角色，包括突发公共事件隐患的发现者和预防者、公共应急资源的筹集者和提供者、突发公共事件处理的动员者和志愿服务者、政府公共危机管理决策的协助者、突发公共事件信息的传递者、弱势群体救助者，也是应急管理机构风险分担者和政府的伙伴。[①]

在公共危机发展的不同阶段，社会组织被赋予不同的角色期待[②]：

（1）预防与准备期的主要工作是对潜在性的危机进行严谨周密的前期排查、预防与控制，最大限度地降低公共危机实际爆发的可能性。包括对突发事件的应急预案体系进行健全与完善、定期排查与评估潜在风险、对应急预案进行实地演练及储备应急物资等。对社会组织的角色预期是通过与社区、公众及组织成员等社会主体间的定期交流与互动，搜集社会各领域的潜在危机信息，并尝试传达至相关政府部门。为应急预案体系建言献策、参与风险排查与评估、宣传应急知识、收集并反馈社会矛盾、动员社会公益资源增加应急物资储备等。

（2）监测与预警期的主要工作是对搜集到的危机信息加以筛选与整合，通过科学有效的宣传手段提高公众的风险防范意识，降低危机发生的可能性或减少危机爆发阶段造成的危害。对社会组织的角色预期是辅助政府做好危机相关信息的搜集和整理，动员并帮助群众做好危机防范和应对准备，引导公众提高防护意识，减轻焦虑和恐慌。

（3）救援与处置期的主要工作是收集信息，科学决策，资源供给，

---

① 王冠：《政府和NGO在突发公共危机事件管理中的角色定位》，《经济研究导刊》2011年第6期，第211—212页。

② 徐顽强、张婷：《公共危机治理中社会组织的角色审视与嵌入路径》，《郑州大学学报（哲学社会科学版）》2021年第6期，第14—19页。

解决公众的需求和困难。对社会组织的角色预期是危机治理的协调者、公众意愿的表达者、公共政策的影响者、社会资源筹集的补充者、危机处理的动员者等。

（4）恢复与重建期的主要工作是对公共危机的影响及应对过程进行总结和反思，恢复受灾地区的生产、生活及社会秩序。对社会组织的角色预期是危机修复的协助者，具体包括协助政府部门完成对危机治理的评估总结和反思，对危机后社会的重建建言献策，帮助公众及企业树立恢复正常工作生活秩序的信心，对特殊弱势群体进行重点帮扶。

3. 社会组织应急素质模型

基于应对公共危机过程中政府和社会对社会组织的角色期待，研究人员构建了社会组织应急素质模型（见图6-4）。该模型同样以胜任力冰山模型为依据，划分知识和技能、态度和价值观、特质和动机三个层次。（1）在知识和技能层面，扮演辅助应急管理的诸多社会角色，需要具有包括沟通在内的收集、整理、加工和运用信息的信息处理能力；风险防范、紧急避险、自救和救援的相关知识以及相应的学习能力；复杂形势下的组织协调能力；具备应急必需的资源（人、财、物）或掌握获得相应资源的方法和渠道。（2）在态度和价值观层面，需要具备明察秋毫、防患于未然的危机意识；有救国救民于水火的责任和担当；不计个人得失的大局意识和利他精神。（3）在特质和动机层面，需要社会组织具有积极主动性，积极参与社会事务，主动建言献策；敏锐细致，善于发现问题和潜在的危险，能够在细节方面成为政府应急的必要补充力量；具有一定的群众基础，在群众中具有一定的公信力和感染力，这是社会动员和资源筹集的基础；在应急救援的过程中勇敢果断，甘于奉献；具有坚韧的意志力，在困难面前毫不退缩，越挫越勇。

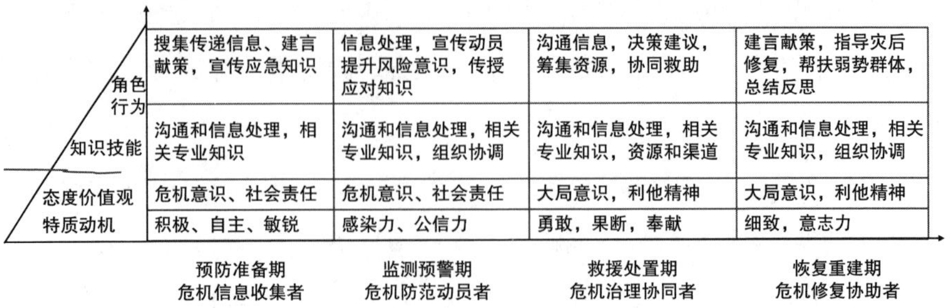

角色 行为	搜集传递信息、建言 献策，宣传应急知识	信息处理，宣传动员 提升风险意识，传授 应对知识	沟通信息，决策建议， 筹集资源，协同救助	建言献策，指导灾后 修复，帮扶弱势群体， 总结反思
知识技能	沟通和信息处理，相 关专业知识	沟通和信息处理，相关 专业知识，组织协调	沟通和信息处理，相关 专业知识，资源和渠道	沟通和信息处理，相关 专业知识，组织协调
态度价值观	危机意识、社会责任	危机意识、社会责任	大局意识、利他精神	大局意识、利他精神
特质动机	积极、自主、敏锐	感染力、公信力	勇敢，果断，奉献	细致，意志力
	预防准备期 危机信息收集者	监测预警期 危机防范动员者	救援处置期 危机治理协同者	恢复重建期 危机修复协助者

图6-4　社会组织应急素质模型

4. 目前我国社会组织参与应急管理的不足

我国大量社会组织在历次地震、水灾、泥石流等公共危机中扮演了重要角色，应急素质得到了优化和提升，但是在辅助公共危机应对方面仍然有待提高。

（1）角色错位导致公信力差的问题。2008年"5·12"汶川地震救援中用于救灾的帐篷在发放过程中被一些社会组织私吞并销售。2020年新冠疫情防控中，武汉红十字会积压救援物资不发放，导致一线医院物资紧缺，使红十字会面临强烈的社会质疑。这些与角色期待相左的行为，使得社会成员对于社会组织的志愿性、公益性产生巨大质疑，社会组织的公信力大打折扣。

（2）综合能力不足问题。社会组织在中国是在改革开放后才开始萌芽发展的，在"5·12"汶川地震之后才真正参与到公共危机应对中，起步时间晚，经验不足，并且缺乏专业的管理，自治水平和综合能力都处于较低的水平，缺乏正式的组织制度。这导致了社会组织在参与公共危机应急处理中表现出专业能力不足、缺乏与政府和其他组织之间有效的沟通合作等问题。

综上所述，社会组织在公共危机应对过程中具有重要的补充作用，然而其作用的发挥有待加强。首先，需要政府的接纳、支持，给予其在应急管理中的合法身份，并给予规范和引导。其次，需要社会组织自身管理体系的完善，如成员管理制度、分级分类准入制度、定期培训制度等，建立稳定的志愿者队伍，提高志愿者的专业水平和应急素养。最后，需要社会组织加强与国内外同类组织的联系和协作，取长补短，形成合力，有所作为，加强内部监督和外部监督，以提高公信力。

（三）基层公务员

各类突发公共危机事件，是对国家治理能力的挑战。然而，我国"一案三制"的应急管理体制以及各项政策、规定、法律都需要各级公务员的执行和落实，将其转化为具体的突发事件应对工作实践。基层公务员作为应对突发事件的一线人员，其应对突发事件的能力对我国应急管理工作的提升至关重要。应对突发事件的能力是合格的公务人员需要具有的九大通用能力之一。

1. 基层公务员的界定

《中华人民共和国公务员法》对公务员的定义是：依法履行公职、纳入国家行政编制、由国家财政负担工资福利的工作人员。不同层级的公务员所处的位置、工作内容、岗位职责以及角色定位等都不同。这里的基层公务员主要指的是不承担党政领导职务，处于科层制末端的，直接面对行政管理活动中的相对人，承担具体行政管理事务的公务员。基层公务员群体具有人数众多、直面群众的特点，是连接群众和上级的纽带。

2. 基层公务员在应急管理中的角色定位

《国家公务员通用能力标准框架（试行）》中对公务员应对突发事件的能力表述为：有效掌握工作相关信息，及时捕捉带有倾向性、潜在性问题，制定可行预案，并争取把问题解决于萌芽之中；正确认识和处理各种社会矛盾，善于协调不同利益关系；面对突发事件，头脑清醒，科学分析，敏锐把握事件潜在影响，密切掌握事态发展情况；准确判断，果断行动，整合资源，调动各种力量，有序应对突发事件。

据此，我们可以将基层公务员的应急管理角色期待归纳为：（1）预防准备期：在日常工作中保持警惕，防微杜渐，及时化解小问题，避免危机的发生；（2）监测预警期：监测并提供预警信息，对可预见的危机有预案，并注重演练和完善；（3）援救处置期：对突发情况及时上报，密切监测，在权限范围内果断决策，为上级提供决策参考，并执行上级决策；（4）恢复重建期：总结反思，为未来工作提供参考。

3. 基层公务员的应急胜任力素质模型

综合国家对公务员的危机应对能力的要求，以及社会对于基层公务员在公共危机应对中的角色期待，参考周倩（2020）综合运用文献分析、问卷调查法等研究方法构建的基层公务员应对突发事件胜任力模型，[①]建构的基层公务员应急管理胜任力素质模型如下（见图6-5）：

知识	基本知识	应急管理相关法律法规、心理学知识、信息传播与传媒知识
能力	决策组织能力	紧急动员、资源整合、处置策略、组织协调、分析判断、果断决策
	职业基础能力	公文写作、快速行动、沟通表达、公关、计算机、规划执行
态度价值观	职业道德	责任感、奉献精神、原则性、荣誉感
特质动机	心理素质	沉着冷静、自信以及心理承受能力
	个人特质	环境适应能力、耐心、关注细节、服务意识和身体素质

图6-5 基层公务员应急管理胜任力素质模型

基层公务员的应急胜任力素质包括四个层次：（1）知识层面，除了与工作紧密相关的业务知识，还需要掌握应急管理相关法律法规、心理学以及信息传播相关知识。（2）能力层面，除需要具备公文写作、沟通表达、计算机操作、公关能力、规划力、执行力等职业基础能力之外，还需要具备一定的决策组织能力，具体包括紧急动员能力、资源整合能力、组织协调能力、分析判断能力、果断决策能力。（3）在态度与价值观层面，主要体现为责任感、服务意识、奉献精神、原则性、荣誉感等职

---

① 周倩：《基层公务员应对突发事件能力分析与提升研究》，河北师范大学2020年，第28—29页。

业道德素养。（4）在特质层面，需要具备耐心细致、沉着冷静、乐观自信的特质，以及良好的身体素质和一定的心理承受能力。

4. 基层公务员应对突发事件的能力差距

无论是从研究者的自评量表调查，还是从应对地震、水灾、泥石流、新冠疫情等突发公共危机事件的实践来看，我国基层公务员应对突发事件的总体水平尚可，比如职业道德水平基本过硬，具有较高的责任感和敬业精神，具备一定的基础工作能力。但是，他们的危机意识淡薄，应急相关知识匮乏，在决策组织能力和心理素质方面还有很大的提升空间，亟待通过培训等途径予以改善。

（四）党政领导干部

政府是应急管理的第一责任人，党政领导干部在应急管理中发挥着指挥决策、统筹协调的重要作用。党政领导干部应急管理素质的高低，关乎着应急治理体系和治理能力的现代化进程。风险社会视域下，社会矛盾愈加复杂，突发事件呈现出起因复杂、强度较大、范围较广的特征，这对各级党政领导干部的应急治理能力提出了全新考验。

1. 党政领导干部的应急角色期待

进入21世纪，当风险社会与信息时代相遇，社会突发事件呈现出诱因日益复杂、发生更加频繁、信息扩散加快、波及范围扩大、危害程度加重的特点，对政府的应急管理提出了新的挑战。政府是危机的应对者，应第一时间作出灾害响应，抢救受灾人员，减少灾害带来的损失。政府更要成为有效的风险防范者、高效的决策制定者、智慧的资源统筹者、群众信心的激发者和动荡民心的稳定者。有效的风险防范，需要对经验进行学习和教训进行总结，对风险信息保持敏感，具有防患于未然的风险意识。高效的决策制定需要分析、综合、逻辑推理等思维能力以及坚决、果敢和勇于担责的特质。传统的政府对救灾事务大包大揽的做法，容易导致救援物资调度不及时等问题。智慧的资源统筹，不仅包括物质资源的统筹，也包括人力资源的统筹。激励社会多元主体协同治理，可以让政府摆脱事必躬亲的被动局面，转移更多的精力做好决策，提高管理效率。除了这些看到的工作，政府及其决策者还有一项最重要的责任就是在危机中凝心聚力，稳定人心，扮演好群众信心的激发者和动荡民心的稳定者。这需要党政领导干部无论在常态时期，还是危急时刻都能够想群众之所想，急群众之所急，真正赢得人民群众的信任和支持。

2. 党政领导干部的应急胜任力素质模型

政府党政领导干部要扮演好应急管理中的多重角色，满足社会大众的角色期待，需要具备一定的胜任力素质（见图6-6）。（1）在知识层面，需要掌握应急管理基本知识，包括突发事件发生前的风险预防知识，懂得居安思危，尽可能将风险和危机扼杀在摇篮里；突发事件发生时的危害研判知识，能够对突发事件的性质、危害强度、危害范围等作出及时、准确的判断，为科学决策，统筹资源提供依据；突发事件发生后的应对处理专业知识，为群众的动员、疏散、救助以及问题的解决提供科学有效的指导，避免外行领导内行，贻误处理突发事件的良机。（2）在能力层面，强调应急管理能力，主要涉及紧急决策能力、信息沟通能力和统筹协调能力。在处理突发事件时既定的知识和经验无法提供充分的支持，需要具备紧急决策的能力，敏锐的直觉和洞察力，勇敢果断，善于创新。信息沟通能力是指通过各种渠道和途径尽可能全面、准确地收集有用的信息，通过组织之间和组织内部的沟通协调，对收集到的信息进行整合、加工、研判，最后将处理后的信息及时、准确、全面地传达给其他组织和个人的能力。信息的有效利用既是科学决策的重要基础，也是稳定民心、获得群众信任的必要前提。在突发事件应急管理中，需要最短时间内统筹协调人、财、物、信息等各种资源，形成多级政府部门协调治理、多主体协同参与格局，党政领导干部的统筹协调能力至关重要。（3）在态度和价值观层面，态度和价值观是支持党政领导干部作出恰当应急管理行为的内隐素质，首先，要有先进的管理理念。理念是行动的先导。应树立"系统治理、依法治理、源头治理、综合施策"的现代管理理念，不断提升自身素质能力，转变思维，勇于创新。其次，要有坚定的政治站位。坚定的政治站位要求党政领导干部具有崇高的政治觉悟与严密的法治思维，坚持党的领导，强化政治觉悟，时刻以人民为中心，尤其是在突发事件发生的危急时刻能够想人民之所想，急人民之所急。最后，还应具备法治思维、底线思维，维护宪法权威，遵守法律法规，依法采取行动。（4）在特质和动机层面，要求党政领导干部具有顾全大局的决策动机。在决策时追求个人利益与公共利益的和谐统一，当个人利益与集体利益、公共利益发生冲突时，要以大局为重，以人为本，合法合理合情决策。①

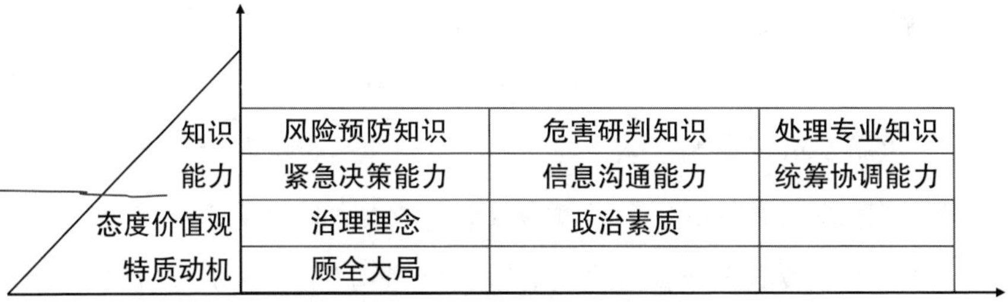

知识	风险预防知识	危害研判知识	处理专业知识
能力	紧急决策能力	信息沟通能力	统筹协调能力
态度价值观	治理理念	政治素质	
特质动机	顾全大局		

图6-6　党政领导干部应急管理胜任力素质模型

3. 党政领导干部在应急管理中的不足

持续三年的新冠疫情对国家的应急管理体系和各级党政领导干部都是一场严峻的考验，这个过程中也暴露出一些党政领导干部在突发事件应急处置方面存在的问题和不足。（1）风险意识欠缺，尤其在生态安全、生物安全、网络安全等新的安全风险领域。比如从2019年12月起，湖北省武汉市部分医院陆续发现了多例不明原因肺炎感染引起的急性呼吸道传染病病例，然而在最初的一个月内，政府并未意识到问题的严重性，没有介入危机管理，丧失了最佳防控时间点。2021年7月20日至8月10日，从南京禄

---

① 陈佳：《基于胜任力模型的地方党政领导干部突发事件应急治理素质研究》，《领导科学论坛》2022年第1期，第38—46、54页。

口机场筛查出9例德尔塔病毒感染者后的近一个月时间里，多地有40余名公职人员因缺乏应对风险的能力和水平被纪委监委问责，其中不乏多名党政领导干部。（2）应急知识储备不足。党政领导干部作为管理者往往重综合协调而轻专业事务，在应对突发事件时显得专业知识储备不足。比如在新冠疫情期间，曾出现"地方卫健委主任'一问三不知'"，地方党政领导干部缺少宏观的风险治理常识或微观的专业领域知识，导致决策失误引发次生风险的现象。（3）应急治理实践能力欠缺。具体表现为①信息回应、公开披露不足。在应急管理中，及时公开信息、掌握舆情对于消解疑虑，稳定民心，提高政府公信力具有重要价值。然而，新冠疫情暴发初期，信息披露的及时性和真实性饱受诟病。这一方面由于地方党政领导干部的理念和态度问题，另一方面受到制度性约束条件的限制。②综合协调、资源配置各行其是等。新冠疫情期间，在时间紧迫、抗疫物资紧缺的情况下也暴发出资源配置不合理的问题，甚至"抢配"资源的情况。例如大理市"紧急征用"运往重庆市的口罩，从而致使重庆市资源"缺配"。府际之间不仅没有形成抗疫合力，反而背道而驰。（4）应急管理理念观念滞后。个别地方党政领导干部在应对新冠疫情时，放弃了以人民为中心的政治理念，表现出推诿塞责、逃避责任、懒政怠政的现象。

综上所述，党政领导干部肩负提升国家应急管理水平的重大责任和使命，还需要不断提高自身应急管理胜任素质，以服务国家应急管理体系现代化建设的大局。

（五）消防援救人员

应急救援队伍是应急管理工作的关键环节和重要组成部分，一支高素质、高水平、专业化的应急救援队伍是提高国家现代化应急治理水平不可或缺的力量。2018年11月，我国将分散在各部门的应急力量和资源，优化整合为综合性消防救援队伍，成为国家应急救援的主力军，由应急管理部统一管理。这一举措是党中央立足国情且为适应国家现代化的治理体系和治理能力现代化，以及构建国家应急救援体系而作出的重要决策，对保护人民生命安全、减少人民财产损失、提高消防救援能力具有历史性意义。[①]

1. 概念界定

这里的消防救援人员指的是2018年4月由公安消防部队、武警森林部队改制组成的国家综合性消防救援队伍。该队伍承担灭火救援和其他应急救援工作，由应急管理部统一管理，是国家统一调度的应急管理力量，有利于救援能力的提高。

2. 消防救援人员的胜任力素质模型

消防救援人员的胜任力素质是体现国家应急管理能力最直接的指标之一。刘怡莎（2020）综合运用文献分析、行为事件访谈、问卷调查的方法，构建了消防救援人员胜任力素质模型（见图6-7），分为"知识与能力""价值观"和"特质与动机"三个维度，包含12项胜任素质和39项胜任力指标，分别是：专业知识与技能（身体素质、实战经验、与消防救援相关的专业知识和业务技能），沟通协调能力（组织协调能力、沟通表达能力、信息收集能力），学习与反思能力（学习领悟能力、自我认知与定位、反思与改进、创新能力），应变能力（快速反应能力、果断决策能力、执行力、灵活性），分析判断能力（关注细节、风险识别能力、自我保护意识、分析判断能力）；职业认同（职业认同、敬业精神、责任感），全局观念（全局观念、战略规划与思考能力、独立思考的能力），纪律意识（纪律意识、服从命令）；团队精神（集体荣誉感、关爱战友、信任、团队协作能力），积极主动性（进取心、主动性），精神素养（勇敢、吃苦耐劳、意志力、环境适应能力），心理承受能力（心理承受能力、沉着冷静、情绪控制与自我调节能力）。

[①] 刘怡莎：《消防救援人员胜任素质模型构建的实证研究及其应用》，西北大学2020年，第1—2页。

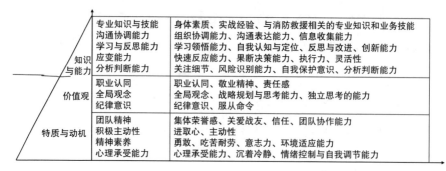

图6-7 消防救援人员胜任力素质模型[①]

"专业知识与技能"要求消防救援人员不仅要具备与消防救援相关的知识理论和业务技能，还要具备很好的身体素质，才能保障任务的顺利完成，将理论与实践相结合，在实践中不断积累宝贵经验。

"沟通协调能力"要求消防救援人员在工作中妥善处理好横向和纵向的关系。在事故现场能够与群众或其他组织机构人员进行情况了解沟通，并进行相应的指挥协调工作。

"学习与反思能力"要求消防救援人员具备快速学习相关知识并准确理解的能力，并且能够与时俱进以适应新形势的发展要求，任务结束后及时进行自我评价和反思，以不断提高自身素质。

"应变能力"要求消防救援人员在任务中遇到各种危险情况和突发事件时，能够快速进行分析判断并作出反应和决定。

"分析判断能力"要求消防救援人员在消防救援过程中能根据细节分析判断现场情况，识别可能存在的风险并及时采取措施进行自救和救人。

"职业认同"要求消防救援人员对自身的职业有一种骄傲感，对职业有很高的关注度和认同度，个人的价值观与组织高度一致，爱岗敬业，尽职尽责。

"全局观念"要求消防救援人员在消防救援的过程中，能够从全局和

---

① 刘怡莎：《消防救援人员胜任素质模型构建的实证研究及其应用》，西北大学2020年，第33—48页。

长远的角度思考问题进行战略安排。

"纪律意识"要求消防救援人员像军人一样有纪律意识，自我管理并服从管理，服从上级命令。

"团队精神"要求消防救援人员在消防救援任务中信任战友，互相关心，相互帮助，齐心协力，配合默契，共同完成组织整体目标并自觉维护集体形象和争取荣誉。

"积极主动性"要求消防救援人员在工作和学习中能够积极主动上进，努力提高自身能力。

"精神素养"指在面对危险和艰苦的环境时能够表现出勇敢、吃苦的精神，能够适应各种艰苦的环境，有力量扫除重重障碍，克服各种困难。

"心理承受能力"要求消防救援人员在面对惨烈的情况和外部压力时，表现出较强的抗压能力和自我调适的能力，能够持续投入工作并顺利完成任务。

综上所述，消防救援工作是一种具有崇高责任感和使命感的职业，在风险社会的时代背景下，社会公众对其抱有很高的期待和要求。然而，要想达到这样的要求，扮演好危机救助者的角色，消防救援人员还需要以胜任力素质模型为依据，优化选拔和培养模式，以提高其素质水平和胜任力水平。

（六）应急管理专业人员

1. 概念界定

应急管理专业人员指的是在公安、武警、消防、民政、国土资源、地震、卫生、城市公共交通等公共部门专门从事应急管理实务以及高校等研究机构从事应急管理研究的学者。

2. 应急管理专业人员的角色期待

应急管理专业人员作为一种特殊专业人才资源，在应急管理体系建设中发挥着主体性和能动性的作用：通过科学研究以及实践经验的总结减少或避免突发事件的发生；对于不可避免的灾难事件可以及时提供预警信息和有效的应对策略，以减少危机带来的损失；在灾难事件发生后为受灾群众提供有力的支持，包括救援力量、物质资源的合理调配，技术、方法上的援助和指导等。因此，提高应急管理专业人员的素质，打造一支高水平的应急管理专业人才队伍已经成为新时代提高我国应急管理水平的关键环节。

3. 应急管理专业人员胜任力素质模型[①]

唐华茂等（2018）通过文献分析、行为事件访谈和问卷调查的方法对应急管理专业人员的胜任力素质进行研究，建构了应急管理专业人员胜任力素质"洋葱模型"（见图6-8），包括知识、能力、个人特质和价值观念4个维度，共计28项胜任力特征。知识维度包括应急管理相关法律法规、专业知识、心理学知识以及应急处置方法程序4项胜任力指标；能力维度包括风险识别能力、环境适应能力、团队协作能力、执行力、组织协调能力、快速反应能力、果断决策能力、分析判断能力、沟通表达能力和学习能力等10项胜任力指标；价值观念包括爱岗敬业、忠诚、责任感、服务人民的意识、奉献、大局意识等6项胜任力指标；个人特质维度包括沉着冷静、耐心、灵活性、思维严谨、主动性、勇敢、自信和关注细节等8项胜任力指标。

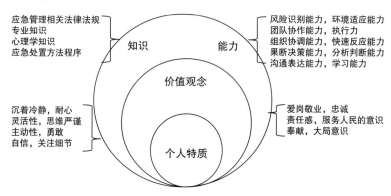

图6-8 应急管理专业人员胜任力素质"洋葱模型"

① 唐华茂、林原：《应急管理专业人才胜任力模型实证研究》，《中国行政管理》2018年第6期，第116—121页。

4. 应急管理专业人员胜任力的不足

现代应急管理已从以往"救火式"的紧急应对转型为全过程的应急管理，这对专业知识和综合能力提出了更高的要求。提升学习能力和科研水平，是应急管理专业人员的当务之急。除此之外，突发事件的复杂性对应急管理专业人员的特质也有更高的要求，比如面对突发紧急状况，能够沉着冷静并保持思维的严谨，采用科学的逻辑思维方式，有序地开展应急处置工作，避免因慌乱而导致失误。这些潜在的特质在应急管理人才选拔和培养的过程中是不可忽视的。

三、应急素质的培养

中国特色应急管理体系的建立，有赖于包括全体公民在内的各个相关群体应急素养的提高和全社会安全理念的形成。这需要我们不懈的努力，包括教育的塑造，培训的强化以及文化的濡染。

（一）应急素质教育

1. 应急素质

根据胜任力冰山模型，应急素质可分为两个层次:一是基本的应急知识、技能，包括对各种突发事件的认知、情感以及对学习的持续兴趣。这些应急知识和技能是容易被检测和观察的，属于外显素质，可以通过教育和培训习得。二是深层的应急素质，包括应急意识、应急态度、应急心理、对自我的认识和反思、应对突发事件的动机和性格特质等，这些属于隐性素质，难以被观察，也难以改变和提升。

2. 应急素质教育

应急素质教育是在风险社会背景下形成的全新概念，是指通过有计划、有组织、有目的地对受教育者施加影响，使其在心理准备、知识经验、技能技巧、身体生理等多方面为适应未来生存而进行的教育活动。应急素质教育面向全体人民，着眼于社会整体应急素质的提高。为了承担起认识、预防和抵制来自技术文明的危险，教育界应该具有危机意识、未来意识、共同体意识，将社会、家庭、个人紧密联系，将过去、现实与未来紧密联系，将国内、国际紧密联系，将身体、心理、技能、知识紧密联系，促进人与人、人与自然、人与社会的和谐共处，成为解决诸多社会问题的"金钥匙"。

3．应急素质教育的层次目标体系[①]

首先，国家明确应急素质教育的宗旨（愿景）并通过各类政策及法规的制定，落实应急素质教育的宗旨。

其次，构建学校、家庭、政府、社会四位一体的应急素质教育体系，包括计划的确定和资源的整合，明确各参与主体的领域范围并实施应急素质教育计划。

最后，明确学校、家庭、政府、社会等各参与主体教育目的，设计教育内容，丰富教育形式，形成教育合力。学校和家庭重点侧重隐性应急素质的培养，如风险意识、心理调适、自我反思、人际合作与互助等。社区和应急救援机构侧重应急知识和技能等显性应急素质的提升。

（二）应急文化建设

新时代应急文化建设是国家应急管理事业的重要内容，是国家治理现代化的重要组成部分，是安全文明的重要范畴。

1．概念界定

应急文化是关于人们在应急管理、应急救援社会实践过程中，逐步形成和积淀而成的物质载体、思维心理定势、精神理念、制度体系和行为方式的总和。应急文化与灾害文化、风险文化和安全文化等共同构成"安全文明"。应急文化建设的目的在于全民应急素养的不断提升，进而为安全

---

① 刘辉：《论风险社会背景下教育向应急素质教育的转型》，《成人教育》2014年第7期，第26—29页。

社会的构建奠定基础。①

2. 应急文化的内容构成

应急文化的内涵丰富，如应急管理一般，是一个复杂系统，从不同的维度可以作出不同的结构解析。根据系统工程"霍尔模型"结构，研究人员构建出了应急文化内容体系结构模型图，见图6-9。

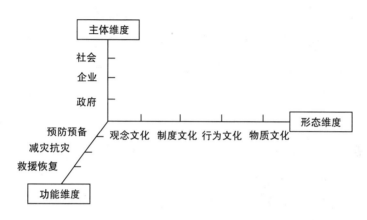

图6-9　应急文化内容体系结构模型图

基于形态维度，我们可以将应急文化分为：（1）应急观念文化，指应急管理和救援精神意识形态层面的价值理念和观念等主观因素，如危险危机警觉意识、事故灾害防范观念、内心的自我安全承诺等，观念文化从意识形态深处对社会主体产生影响，发挥着基础性、支配性和决定性的作用，属于应急文化的核心。（2）应急制度文化，是指风险防控制度和规则体系，包括应急预案、体制、机制、法制（一案三制），规范应急行为准则等，是应急观念文化在制度层面的具体化。（3）应急行为文化，即社会主体在突发事件应对处置过程中逐步积淀的行为方式、言行习惯等外显文化，其深受应急观念文化和应急制度文化的影响。（4）应急物质文化，既是观念、制度、行为文化的物态表现，又是前三者的物质支持，是

---

① 颜烨：《新时代应急文化建设的社会系统论思考》，《未来与发展》2021年第2期，第11—20页。

应急文化建设和发展的基础，包括应急环境或氛围的可视化，应急物质储备、应急技术设备等物质生产活动方式和产品的总和。

基于应急主体维度，我们可以将应急文化分为：（1）政府应急文化，即政府在应急行政规划、管理、指挥、协调等活动过程中积淀形成的应急文化；（2）企业应急文化，即企业在内部员工应急文化养成、应急方案规划、应急救援演练、应急救援行动、应急物质准备，以及规章制度制定等过程中形成的文化；（3）社会应急文化，即社会组织、社区、乡村、学校、家庭和公众等在国家应急总体方案指导下，自觉提升应急素养，形成自救文化、他救文化、互救文化，包括应急的精神理念、物质条件、非正式制度和行为模式等。

基于应急文化的功能维度，我们可以将应急文化分为：（1）事故灾难发生前的预防预备文化；（2）事故灾难发生过程中的减灾抗灾文化；（3）事故灾难发生后的救援恢复文化等。

3. 应急文化的功能

文化通常具有认同、聚合、导向、规范、激励、传承、教化等社会功能。应急文化作为文化的一个组成部分，对于全民应急素质的提高、安全共识理念的达成和积极应急行为塑造等方面具有不可忽视的作用，具体表现为：

（1）认同导向功能。应急文化有助于人们在突发事件应对方面加强认同，具有理念指导性和潜在价值导向性，起到行为示范和引导的作用。

（2）团聚整合功能。应急文化可以统一或收敛不同社会主体的价值理念，在突发事件应对上使全员的应急价值认知和理性收敛于组织确立的应急核心理念上来，保持统一目标，一致行动，整合力量，共克时艰。

（3）激励塑造功能。应急文化可以提振精神，鼓舞士气。

（4）规范约制功能。通过应急文化的宣传、教育、培训，社会成员能够正确理解和认识应急目标、应急愿景和应急任务，从而对社会成员的应急行为发挥规范性、约束性的作用。

（5）传承教化功能。应急管理和救援经验逐渐积淀为一种文化，就会在群际、人际、代际相传，在社会上起到教育、导引作用。

4. 应急文化建设的目标体系

新时代，应急文化建设就是要使优秀应急文化内化于心、外化于行、固化于制、实化于物。全面提升全民应急文化素质，促成全社会"安全文明"。

在应急观念文化方面，加大应急文化的教育和传播力度，全面实现应急文化进校园，进课堂，进社区，进企业，进乡村，充分利用网络传播功能，提升应急文化全民普及的效率，全面提升全体公民的应急素养，让安全意识、预防观念、防范理念和行为规范深入人心。

在应急制度文化方面，各级政府均应制定相应的应急文化规划总体方案、在实践中不断完善管理体制机制；企业、社会组织、社区、村委会、学校等均应有应急文化规划方案，不断完善管理机制。

在应急物质文化方面，各级政府、各类企事业单位均应按照单位规模、人员规模、业务规模等，进行相应比重的应急文化投入，持续更新应急科学技术，完善应急基本设备设施，全社会形成"全能式应急产业体系"。

在应急行为文化方面，旨在使每个公民养成良好的安全行为习惯，掌握恰当的应急处置方式。应急管理中的重要角色，如政府、决策管理者（党政领导干部）、决策执行者（公务员）、社会组织（志愿辅助者）、应急管理专业人员、应急救援人员等都能够各司其职，得心应手。应急行为得到全面提升和完善，应急科学与管理科学得到全面建设。

5. 应急文化建设目标的实现路径

（1）应急文化制度化战略。应急文化制度化，不仅是指应急法律法规等更加完善，更是指政府层面的应急文化建设行政体制架构（如行政组织等）更加完善，包括政府、企业、社会三者之间的分工协同体系，甚至包括应急文化宣传教育、发展保障体制机制。

（2）应急文化专业化战略。专业化是应急文化现代化和成熟的重要标志。主要包括应急文化的专业知识体系、学科专业体系、专业教育机构、专业人才队伍更加完善。

（3）应急文化信息化战略。信息化是新一轮世界科技革命浪潮下各行各业加快现代化建设的核心要素，应急文化建设也不例外。应急文化建设要充分发挥人工智能、5G、大数据等先进技术的功能，加快智慧化建设，不断提升应急文化全民普及的效率。

（4）应急文化国际化战略。应急文化建设不能闭门造车，需要学习、借鉴、引进发达国家的先进做法和经验，同时也要将自己的先进理念和做法推向全球，在国际文化交流与碰撞中不断完善提升。

（5）应急文化全民化战略。应急文化制度化、专业化、信息化、国际化均是全民化的基础，最终是为了全民化，均要落实到全民应急自觉行动上来。

第三节　应急家庭、社区、组织建设

突发事件与每个人的安全、健康和福祉休戚相关。应急管理是一个由国家、组织、社区、家庭共同参与的系统工程，不仅涉及宏观的制度和政策，也涉及微观主体的意识、能力和行为。家庭、社区和组织（包括企事业单位、社会组织等）是构成社会的基本单元，涵盖了个体社会活动的主要场域，是个体应急素质养成的重要背景环境。

一、应急家庭建设

家庭是基于血缘和亲缘关系而形成的初级社会群体，每个家庭成员的利益紧密联结在一起。国家作为应急管理的总舵手，在应对危机时，难以做到面面俱到，绝对公平，因而需要家庭主动承担相应的义务，发挥其维护自身利益的作用。个体和家庭实现自我管理、自我服务和自我保护，可以在一定程度上弥补国家应急在微观层面上的不足。因此，家庭作为社会的基本组织形态，在应急管理中发挥着教育教化、组织协调等不可替代的作用。把家庭作为应急管理尤其是危机防控的着力点，积极推进家庭应急管理体系的建设既是重要的，也是必要的。

（一）家庭在危机应对中的不足

目前，我国的家庭应急管理体系尚处于萌芽状态，具体表现为应急意识薄弱，对潜在的危机不够敏感；缺乏危机应对常识，公共危机应急能力总体偏低；应急物资的准备不充分、应急培训和演练的参与度不高；应急预案和对策几乎为零。在面对持续时间长、波及范围广、次生灾害严重的公共危机时，个人和家庭的应急能力十分有限，极易陷入困境。此外，现有的制度和政策对家庭应急活动缺少明确、细化的规定和指导，政府、社会和社区对家庭应急活动的支持也明显不足。

将家庭作为应急管理体系建设的基础单位，构建以家庭为单元的公共危机应急管理体系将有助于国家应急治理能力的全面提升。

（二）应急家庭建设的基本原则

培养家庭危机意识、责任意识、共同体意识，激发内在驱动力；为家庭应急行动提供制度和政策上的保障和支持；让家庭成为应急教育的第一课堂、保护家庭成员身心安全的第一责任者、应急资源的储备者和提供者、具有自助和他助能力的救助者。

（三）应急家庭建设的具体方案

研究者构建了家庭公共危机应急管理体系的基本框架，包括预警系统、沟通网络、危机防控、综合保障等四个基本组成要件，具体见图6-10。[①]

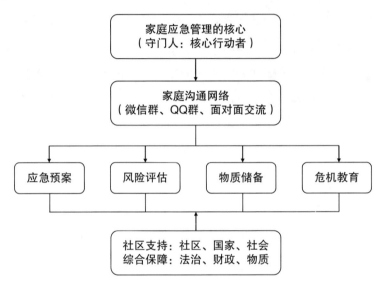

图6-10 家庭公共危机应急管理体系的基本框架

预警系统由家庭中危机意识、责任意识、决策能力较强的"守门人"和"核心行动者"担任。"守门人"主要负责风险监测、风险分析和风险评估，制定防控预案和对策，向其他成员传递危机信息，帮助其他人强化危机意识。"核心行动者"较早形成危机意识或者是赞同"守门人"的观点。他们具有较强的学习、行动和抗压能力，能及时提出危机防控预案和对策，带领其他成员投入应对危机的行动中。预警系统的建立，关键是要以家庭会议的形式明确"守门人"和"核心行动者"的人选，并担负起相应责任。

沟通网络是家庭应急管理系统的信息通道，是传递危机信息和防控对

---

① 付译节：《危机管理模式视角下家庭公共危机应急管理体系构建路径探讨》，《中国初级卫生保健》2022年第10期，第15—17页。

策的主要载体。沟通网络能够帮助家庭快速组织资源，寻求和加强对家庭有利的条件，把家庭境遇导向良好状态。及时、有效地沟通还可以帮助家庭成员感受到人际支持，缓解情绪压力。沟通网络的具体形式可以是定期的正式会晤，不定期的非正式面谈，QQ群、微信群交流等。

危机防控是家庭应对危机的具体计划和行动方案。危机防控包括预防准备期应急预案的制定，应急教育的开展；监测预警期风险的监测和评估，应急物资的储备；救援处置期组织家庭成员和有效应对危机。其中，应急教育是应急管理的核心，辐射每个成员的应急教育是强化危机意识，提升应急素质的关键，也是"防范"优于"治理"思想的具体体现。家庭应急教育由家庭核心成员负责，定期开展，并以家庭制度固化下来。

综合保障是家庭应急管理系统的外部保障。法律、法规对个人和家庭对抗危机起着制约和保护的作用。必要的物资储备、合理的资源调配以及专项的财政支持是家庭开展应急行动的基本保障。因此，要使家庭应急管理系统充分建立并发挥作用，还需要各级政府和社区为其提供强有力的帮助与支持。

二、应急社区建设

社区是区域性社会，是聚集在一定地域范围内的人们所组成的社会生活共同体。社区是群众生活的主要场所，与群众的日常生活和利益密切相关。社区是国家应急管理的重要阵地，在应急治理中扮演着突发事件的直接管理者、上情下达的执行者、多元参与主体的协调者等角色，发挥着不可替代的重要作用。社区是自成系统的应急管理主体，建设应急型社区，是国家应急管理的关键环节。

（一）社区在应急管理中的优势和不足

在应急管理实践中，社区作为人民群众的基层组织之一，有着政府组织机构无可比拟的群众基础，在监测预警、灾害处理、灾中动员以及灾后处置的各个环节可以快速搜集信息，便捷调动群众，灵活处置异常。2020年11月8日，腾讯医学ME大会于线上召开，钟南山院士总结说"中国抗疫最大的成功是社区领域的群防群控"。

当然，目前我国社区发展也存在一些不足，具体表现为基础配套设施不够完备；农村社区化程度不高，发展动力不足；城乡之间、地区之间社区发展不平衡；基层行政管理往往取代了社区居民自治，抑制了居民的积极性、主动性，进而影响了社区的长远发展。这些都在一定程度上影响了社区应急管理功能的发挥。

（二）应急社区建设的基本原则

应急社区建设的基本原则可以概括为"一体两翼"建设。所谓"一体"是将社区明确为应急管理的一级主体，充分开发社区在应急管理方面的潜力，调动社区自治的积极性。"两翼"是社区应急管理的两个重要力量来源：一是上级政府组织的充分授权和大力支持；二是社区群众要有较强的主人翁意识，团结一心、密切配合。理想状态下的社区管理，本就是党和政府主导下的社区居民高度自治。

（三）应急社区建设的具体方案

我们构建了社区应急管理体系框架（见图6-11）。首先要明晰社区应急管理的核心组织者是基层党组织和政府。在基层党组织和政府的统一指导下，物业公司、业委会、社区社会组织、驻区单位、辖区企业和社区群众等利益与责任相关主体共同参与，构建"一核多元"的社区应急管理共同体。该共同体在社区应急管理中负有管理和服务的双重责任，具体包括预防准备期制定完善的应急预案，应急设施安置到位并定期检查维护，应急物资储备充足，定期开展应急文化宣传教育和应急演练；在监测预警期，收集信息，传达信息，并依据信息细化应急预案，作出行动决策；在危机事件发生时，及时响应上级应急指令，发出本级应急指令，迅速开展

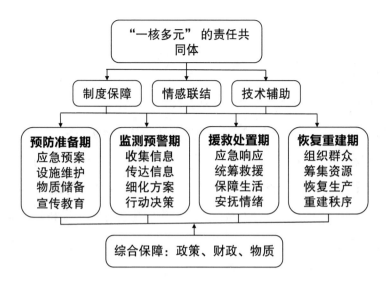

图6-11　社区应急管理体系框架

应急抢险工作，尽快恢复本社区的正常秩序。该共同体应建立社区应急响应动员体系，设立社区"第一响应人"，社区党员干部、安全劝导员要分包到户、责任到人，确保应急响应及时有效；建立兼职社区应急救援队伍，开展应急技能培训和日常演练；形成全员动员、预防为主，各类社会组织积极参与防灾减灾的良好局面，切实提高社区基层应急能力。

　　社区应急管理体系最大的优势在于小范围区域化共同体的结构和意识：个体之间熟悉、亲密的关系让"管理"和"被管理"、"管理"和"服务"、"应急"和"常态"都与生活融为一体。信任、规范和社会网络是三项重要的社会资本，也是社区应急管理优势存在和发挥作用的重要前提。首先，社区可以举办各种活动，增进成员之间的"联系与关怀"，增强情感联结，提高信任度；其次，完善的管理制度可以明确社区各主体的权利和义务，为民主协商和平等参与提供保障；最后，善用数字技术赋能，创新社区应急信息管理与沟通机制，例如挖掘"互联网+科普"创新宣教手段等。

三、应急组织建设

这里的社会组织是指为了实现特定的目标，而有意识地组合起来的社会群体，包括除专门从事应急管理事务以外的各类企事业单位、社会组织等。与家庭和社区相比，社会组织具有以下特点：特定和明确的目标；非情感关系；规范的互动形式；复杂的组织结构；成员的可替代性。

2019年《政府工作报告》指出，健全国家应急体系、提高防灾救灾减灾能力、防范遏制重特大事故、加强国家安全能力建设的重心应当下移至基层。多元主体参与"危机治理"的理念已成为主流，"整合式"危机管理体系已成为通行做法，即整合社会资源，形成公共部门、民间组织和个体共同应对危机的社会网络，以增强防灾备灾能力和危机应对能力，特别是对基层单位提出了抗灾能力和自救能力要求。作为社会活动基本单元的各类社会组织，应该义不容辞地承担起应急管理的责任。

（一）基层组织在应急治理中的优势和不足

基层组织在组织目标的引领下对其成员具有高度的凝聚力和影响力，因此可以胜任突发应急管理行动的领导者和指挥者；清晰的层级结构和规范的互动形式，可以确保信息的有效传递和资源的合理配置；基层组织通常与业务相关组织保持密切的联系，基层组织的关系网络可以为联合救援行动奠定基础。

如前所述，不同性质的组织都有其存在的目标，如企业的营利目标。因此，多数组织并未将社会应急治理纳入自身目标，对于在社会应急治理中承担的责任也并不清晰，缺乏主动性和责任意识，出现在危机面前退缩、自保、逐利或不知所措的现象。

（二）应急组织建设的基本原则

1. 充分发挥基层党组织的作用和优势

不同类型的社会组织在性质、规模和目标方面呈现个性特征，难以统一标准。但是，都有基层党组织嵌入，充分发挥基层党组织在常态化危机管理、整合应急资源、建设全面应急管理体系中的作用，进而提高社会应急管理体系的弹性，正是中国特色应急管理体制的优势。

2. 激发各类社会组织的社会责任

各类社会组织与国家的命运唇齿相依。各类社会组织的发展离不开社会的安全稳定和国家的繁荣兴旺。通过宣传引导和政策规范，帮助社会组织树立积极的价值观，各类社会组织在分享时代和社会发展红利的同时，也要承担起相应的社会责任。

（三）应急组织建设的具体方案

将应急管理内容融入基层社会组织建设中。在预防准备和监测预警阶段做好宣传和教育，例如在日常业务学习中增加《突发事件应急管理法》等应急管理法律法规和经典案例学习，尤其是增加一些本地区、本行业发生概率比较高的突发事件应急演练。将风险意识落实于具体工作中，与岗位职责和考核指标相结合，推进应急管理常态化。在救援处置阶段将组织调整为"临时指挥中心"和"信息枢纽"。组织的党政领导机构可以充分发挥其权威优势和群众基础，转换为危机信息沟通传递、应急资源整合与配置的桥梁与枢纽，联结基层政府、上级政府、企业、社会组织、军队、媒体等多元主体，配合各方履行职责，落实适配性应急举措，满足应急情势下的资源优化配置需求。重建与经验总结阶段的主要工作是共享经验、联动资源恢复重建。

其中，基层党组织在结构上广泛嵌入各类组织，具有熟悉具体情况、群众基础广泛、工作网络密集、社会资本丰富等优势。在应急组织建设中可以充分发挥基层党组织的优势，"平时"做好应急知识的宣传和教育者，"战时"发挥战斗堡垒作用，充当应急行动指挥者、信息平台建设者、内外部资源协调者、多元利益仲裁者、反馈意见完善应急行动的敦促者等。

第七章

应急过程的心理和行为调控

危机会给人带来压力，当压力超出人们的承受范围时，就会导致心理和行为的扭曲和变形，因此危机的应对过程也是一个压力应对的过程。危机事件压力管理（Critical Incident Stress Management, CISM）是国外学者近年来广泛研究的一个新概念。危机事件压力管理是一个包含多种危机干预内容的综合危机干预体系，囊括了从危机前预防到危机后重建的全过程，是对个人、团体甚至社会的各种干预方式的综合。[①]

第一节　压力概述

一、压力的概念

1996年上海译文出版社出版的《心理学词典》将压力（应激）界定为：（1）一般指作用于系统使其明显变形的某种力量。常带有畸形或扭转的涵义，该词用来指有关物理的、心理的和社会的力量。（2）由释义（1）中提到的各种力量或应激所产生的心理紧张状况。

---

① 曹荣、张小宁：《应急管理中的心理危机干预》，北京大学出版社2013年版，第193页。

二、压力的要素

根据上述定义可知，压力包括三个要素：压力源、压力感和压力反应。其中，压力源指的是造成系统形变的事件，包括离婚、失业、疾病、人际冲突等生活事件，也包括自然灾害、事故灾害等各种灾难性事件。相比生活事件而言，灾难性事件带来的压力范围更广、强度更大。压力感是主体对压力源的主观感受，是压力源到压力反应之间的中介，认知评价对压力感起到重要作用。许多实验证明：压力源是否导致压力反应，很大程度上取决于个体对压力源、自我以及环境资源的认知评价。压力反应是指由压力源引起的生理反应、心理反应及行为改变。生理反应包括心跳加剧、心血管反应等。心理反应包括注意力、记忆力和思维等认知过程的改变，抑郁、焦虑、恐惧、愤怒等情绪反应以及自我防御等。行为反应包括攻击行为、退缩、自闭、自杀等。

三、压力模型

（一）一般适应性综合征模型（General Adaptation Syndrome，GAS）

"应激研究之父"汉斯·塞利（1956）在他的著作《生活压力》（*Stress of Life*）中提出了一般适应性综合征模型。该理论认为压力是一个动态的过程，主要包括三个阶段：一是警戒期，交感神经激活"搏斗或逃跑"反应，属机体为对抗应激源而作的能量动员；二是抵抗期，在神经内分泌系统协调下，个体对应激源作长期抗衡，引起多重反应（升高血压、升高血糖、增强肌紧张等）；三是耗竭期，由于较长时间的抵抗，导致能量消耗过多，因为心理、生理能量的耗竭，造成疾病甚至死亡。其模型见图7-1。该理论主要从生理反应的角度对压力进行研究，描述了个体在压力作用下的身心反应过程。其不足之处在于将个体视为压力的被动反应体，忽视了人的心理调节作用。

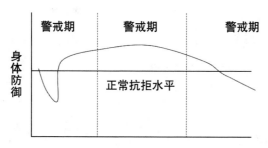

图7-1　一般适应性综合征模型（Selye,1956）

（二）交互作用模型（Stress Cognitive-Phenomenon-Transaction Model，SCPT）

拉扎鲁斯（1976，1979）提出了压力的交互作用模型，又称认知—现象—相互作用理论模型，从心理学的视角分析应激的产生过程及其作用机理，强调个体心理及其自身行为的调节作用。该理论为灾难后救援工作中的心理干预提供了重要的理论依据和强有力支持。首先，C代表认知的观点，即个体对刺激事件的思维、经验及体验等的认知结果，是决定应激反应的主要中介，只有当个体作出外部或内部的要求超出了自己对资源的评价时，心理应激才会发生。其中，初级评价是指个体对刺激性事件的严重程度和对自身的伤害程度进行评价；次级评价是指个体对自身应对外界刺激性事件的能力、资源进行评价。应激是否发生，以怎样的形式出现，都依赖于个体对自己与环境之间关系的评价。其次，P是现象学的观点，强调与应激有关的时间、地点、事件、环境以及人物的具体性，都是影响心理应激产生的多种相关关键因素。最后，T代表交互作用观点，强调个体与环境之间的交互作用，特别指出了信息反馈和行为调整在整个应激过程中所起的重要作用。该模型注重个体在应激情境中的主观能动性，说明了在环境刺激影响人的同时，人也可以采取合理有效的措施进行控制与调整，而不单单是被动的反应。其模型见图7-2。

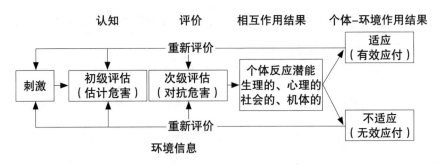

图7-2 压力的交互作用模型[①]

（三）心理压力系统模型

谢利提出的心理压力系统模型认为，个体的压力过程可以分为五个部分：应激性事件的呈现、对应激性事件的评估和解释、针对问题解决和调节情绪采用的应对反应和策略应对以及应对的结果。该理论模型把应激过程看作个体利用内外部资源来应对压力事件的过程，在压力与身心健康的关系中加入社会支持、应对方式、个性特征、有形资源等中介变量。其模型见图7-3。

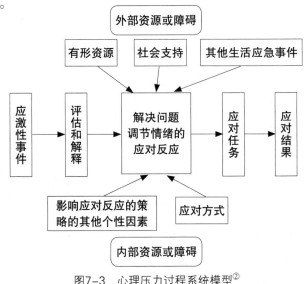

图7-3 心理压力过程系统模型[②]

---

① 韦有华、汤盛钦：《几种主要的应激理论模型及其评价》，《心理科学》1998年第5期，第441—444页。

② ［美］谢利·泰勒著，姚树桥、朱熊兆等主译：《健康心理学》，人民卫生出版社2006年版。

（四）群体压力理论模型

以往的压力研究都是在个体层面展开的。压力情境下，群体既表现出与个体相似的生理、心理和行为反应，又由于群体结构的复杂性呈现出新的特点，具体表现为：（1）信息的不当传播加剧恐慌心理；（2）情绪的相互感染埋下不安定隐患；（3）从众心理导致的非理性行为。灾害性事件往往波及的范围广，从应急管理的角度看，对群体压力的研究十分重要。因此，笔者在个体压力模型的基础上提出了群体压力理论模型（见图7-4）。

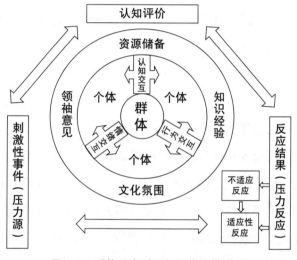

图7-4　群体压力过程相互作用模型

引起群体压力的刺激性事件是压力源，包括自然灾害、事故灾难、公共卫生事件和社会安全事件等。压力源事件发生以后，群体会基于知识经验、资源条件、领袖意见、文化氛围等对压力事件进行认知评价，包括对事件严重程度、危害程度的评价以及群体应对能力的评价。在认知评价的过程中，认知、情绪和行为的交互作用会在群体成员之间广泛发生，并影响认知评价的结果。

首先，认知交互主要指的是灾害事件相关信息在群体中的传播。未知带来恐惧，因此，人们渴望获得更多的灾害信息。但是在灾难性事件发生初期，人们很难获得真实准确的信息，谣言很容易产生。谣言是指在模糊、危险或具有潜在威胁的情境中普遍流传的未经证实的说法。在具有威胁或危险的环境下，人们的理性判断能力很容易被削弱，因此灾难事故中不实信息的不当传播会给公众的风险认知和风险应对造成障碍。

其次，情绪交互指的是情绪的相互感染。在灾难事件中，人们普遍会有害怕、恐惧、无助等情绪，在应对危机的过程中还可能由于不同意见、不恰当的处理方式和不理解出现疑惑、失望、愤怒、不信任等负性情绪。情绪与信息在人际间快速传播，会在短期之内在整个地区甚至国家范围内，形成心理冲击和心理恐慌，甚至会带来社会的震荡。在极端消极情绪的影响下，人们更容易关注负性信息，负向思考，作出非理性决策。因此，情绪的交互会在社会中营造一种不安定的氛围，影响认知评价的准确性。

最后，行为交互指的是人们行为的相互影响。在危机应对的过程中人们会在认知、情绪及群体压力的影响下，出现一些非理性行为。例如在新冠疫情期间，我们看到很多人表现得惊慌失措、盲目从众，过于渲染并传播个人对疫情的恐惧情绪，出现反复测体温、洗手、反复想象被感染的严重后果，并大量抢购和储存相关医药用品与食物，过分消毒和服用医药食材，还有一些网络暴力、肢体冲突和不服从管理的极端事件。这些非理性行为是恐慌、从众和心理压力转移的结果。其中，恐慌是人的一种基本情绪反应，是人面对危险情境时的一种本能反应，通常表现为理性思维的退化和非理性情绪主导行动。从众指的是个人的观念与行为由于群体直接或隐含的引导或压力向与多数人相一致的方向变化的现象。转移是自我防御机制的一种，指将自己的危险情绪转移到一个安全的境地释放出来。当然，在面对危机事件时也会涌现出一些积极的利他、助人行为（如参与志愿服务、捐赠等）。这些社会行为既是危机事件影响的结果，同时也是危机情境的重要组成部分，成为人们认知评价的重要参考内容。

基于认知评价，人们会产生压力反应，这些压力反应有可能是适应性的，如积极的整合资源，求助或者与他人联合，构建社会支持系统；谋划策略消除压力源或者降低压力源带来的消极影响等。也可能是不适应性的，如恐慌、骚乱等。这些压力反应又会作用于压力源，对应急形势产生新的影响。这些不适应性的压力反应正是应急过程心理和行为调控的重要目标。

第二节　应急过程中的心理行为调适

一、预防与应急准备阶段的心理行为调适

在预防与应急准备期，人们的不适应心理行为主要表现为两个方面：一是麻痹大意，无视或者回避风险的存在；二是夸大风险的可能性和危害性，过度焦虑，草木皆兵。

心理行为调适的关键在于：首先，建立健全社会心理健康教育体系，提升人民群众的心理健康素质，尤其是民众适应不确定性和容纳风险的心理素质；其次，普及人民群众对风险社会的认知和民众居安思危的意识，防患于未然；最后，完善应急教育体系，提高民众的风险识别能力、风险应对能力以及关于风险应对的效能感。

心理行为调适的有效途径是宣传和教育。各级各类学校将应急教育纳入人才培养体系；社区定期开展相关内容的宣讲和实践模拟演练；广播、电视、网络等大众媒体应积极宣传和引导。

二、风险监测与预警阶段的心理行为调适

在风险监测与预警阶段，由于信息的模糊性和威胁的潜在性，人们的

不适应心理行为主要表现为谣言和恐慌。

谣言是在信息模糊、危险或具有潜在威胁的情境中普遍流传的未经证实的说法。谣言的传播强度取决于情境的不确定性、环境的威胁程度和焦虑程度等。谣言的传播一方面使人们的负性情绪得以宣泄，同时也造成了更大的恐慌和焦虑，主要表现为不知所措，轻信盲从，参与谣言的传播，囤积居奇，抢购物品等。

心理行为调适的方法：第一，通过官方口径及时发布风险的相关信息，即使处于探索阶段尚无定论，也应该如实向公众传播为了了解真相目前所做的努力、探索的进展、收获和困难等，用真实信息填补公众的信息真空。第二，在民心动荡的时候增开政务服务热线，让群众有更加方便的渠道通过正规途径获得真实的信息，消解内心的疑虑和困惑。第三，开通心理服务热线等，让公众有合适的途径消除疑惑，宣泄释放情绪。第四，提高政府的公信力和群众的信息辨识力。

三、应急处置与援救阶段的心理行为调适

灾难事件发生后，会对社会公众的心理行为产生巨大的影响。具体表现为身体反应，如肌肉紧张、胃部不适、疼痛、睡眠困难、进食障碍等；情绪反应，如易激动、愤怒、压抑、沮丧、忧闷、焦虑、恐惧、自卑、烦躁等；认知反应，包括注意力下降、记忆力减退、思维僵化、工作效率降低、负面思考等；行为反应，在个体层面可能出现攻击行为、退缩、自闭等行为，在群体中，消极情绪还可能演化为攻击、串联、张贴标语和网络泄愤等行为。

心理行为调适的方法：一是从信息层面，及时提供权威信息，减少未知给群众带来的消极情绪。二是从保供层面，迅速提供物质、人力、技术等资源，在现实层面解决实际的问题，缓解恐慌心理。三是从心理学角

度进行调适，具体措施包括根据危机特点，建立心理危机干预体系；利用现有资源，构建社会心理支持系统；关注群体行为特点，提高群体社会责任意识。[①]

四、恢复与重建阶段的心理行为调适

危机事件过后，常见的心理行为问题包括抑郁、焦虑、创伤后应激障碍（PTSD）、医学无法解释的躯体症状以及污名化。大量的流调发现，灾难后，创伤后应激障碍的发病率可高达 33.3%，抑郁症的发病率可高达 25%，受灾者和救援者还可能出现焦虑、睡眠障碍、物质滥用（如烟酒）等心理及行为问题。[②]

心理学研究表明，灾难之后，多数群众的应激反应会在 1—3 个月内逐渐缓解，但仍有少量人群继续保持症状。也有部分人群最初并没有表现出症状，而在事件发生数月后，才出现延迟性的创后反应。据统计，灾难后罹患心理疾病的人数会逐渐增多。专家估计，大约 20% 的受影响人群（包括幸存者、遇难者家属、救灾人员等）会在一年内出现创伤后应激障碍。灾难给人们心理造成的伤害往往是长期的，一般认为，在遭受重大心理创伤的人群中，有 5% 的人会影响终生。

在危机事件结束后，需要有进一步的心理修复干预手段帮助受灾群众。危机后期的心理干预，除采用个体心理辅导以外，还可以根据当事人的身份、经历、心理特点，采取有针对性的团体辅导策略，帮助人们总结并处理在危机期间遗留的心理问题。

---

① 胡玲、韦静：《突发重大疫情引起的群体恐慌心理分析与干预——以新型冠状病毒事件为例》，《湖北经济学院学报(人文社会科学版)》2020 年第 10 期，第 17—19 页。
② 刘正奎、刘悦、王日出：《突发人为灾难后的心理危机干预与援助》，《中国科学院院刊》2017 年第 2 期，第 166—174 页。

第三节　应急心理危机干预

灾难的来袭，不仅对人们的生命安全和财产造成威胁，而且会对公众的心理产生强烈的冲击，如果不能及时控制并有效缓解，会导致心理功能的失调，为心理危机的爆发埋下隐患，威胁社会的稳定与发展。有效的心理危机干预，可以帮助民众在生理和心理上重获安全感，缓解由灾难性事件引发的害怕、紧张、震惊等恐慌情绪，恢复心理平衡，积极主动调整心态和生活方式，并掌握有效的危机应对策略，提升心理健康水平。国务院《中国精神卫生工作规划（2002—2010年）》中规定："发生重大灾难后，当地应进行精神卫生干预，并展开受灾人群心理应急救援工作，使重大灾难后受灾人群中的50%获得心理救助服务。"

一、相关概念界定

心理危机是指由于突然遭受严重灾难、重大生活事件或精神压力，人类个体和群体无法利用现有资源和惯常应对机制加以处理所引起的心理失衡状态。心理危机如果得不到及时的控制和缓解，会造成心理创伤，导致人们在认知、情感和行为上出现功能失调以及社会功能的混乱，严重的会形成创伤后应激障碍，造成终生困扰。

心理危机干预是指在心理学理论的指导下，由心理专业人员通过交谈、疏导、抚慰等方式，对处在心理危机状态下的个人的心理和行为施加影响，使之发生指向预期目标的变化，即使之尽快摆脱困境，战胜危机，重新适应生活。心理危机干预的主要目标：一是避免自伤或伤及他人，二是恢复心理平衡。

　　严重的自然灾害和危机事件如地震、洪水、火灾、恐怖袭击等是造成大规模心理危机的重要诱因。应急心理危机干预是指为受到突发事件影响的人员提供心理干预，帮助他们恢复各项适应功能，预防和缓解心理创伤带来的消极结果。应急心理危机干预的主要目标有三：一是减少急性的、剧烈的心理危机和创伤风险；二是平复和减少危机或创伤情境造成的严重后果；三是促进个体从危机和创伤事件中的恢复。[①]

二、应急心理危机干预的对象

　　应急心理危机干预的对象包括：（1）突发危机事件中的受害者，即在突发危机事件中受到生理、心理、经济损害以及相关的法律关系遭到破坏的直接或间接受害人，如地震中丧失生命和健康的灾民及其家属。他们是一级受害人，身心遭到严重打击，是心理危机干预最主要的对象。（2）参与突发危机事件的救援者，包括警察、消防队员、应急管理人员以及精神卫生专业人员等。救援工作的性质决定了他们会直接接触灾难场景，不可避免地对身心健康造成影响。（3）突发危机事件的亲历者，即事件发生区域内的社会公众。突发危机事件具有辐射性，事件发生区域内的公众亲历或者目睹了危机事件的过程，身心健康也会受到影响。因此，在处理重大突发危机事件时，不能忽视对区域内社会公众的关注。（4）突发危机事件的间接受害者。通过媒体间接了解突发事件的人，也可能会出现替代性的心理创伤，即把看到的、听到的别人所经历的灾难感同身受，沉浸在悲伤中不能自拔，造成潜在心理创伤，因此，他们也是应急心理危机干预的对象。

① Everly, G. S., Emergency Mental Health: An Overview, International Journal of Emergency Mental Health, 1999,1 (1), 3-7.

三、应急心理危机干预的方法

1. 原则

由于突发危机事件一般来势汹汹，后果严重，且辐射范围广，因此，应急心理危机干预应循序以下原则：

（1）保障安全：应急心理危机干预的首要目标是确保被干预者的安全。

（2）聚焦问题：应聚焦于当下最紧要的心理冲突和情绪问题。个案的人格问题和其他深层问题不是干预的主要目标。

（3）激活资源：应急心理危机干预的主要途径是发掘和激活个体的内在潜能，以应对生命中突如其来的危机和困境。

（4）及时介入：事件发生后的24—48小时是心理干预的最佳时间，因此，在事件发生后短时间内及时有效地介入，对当事者心理进行安抚，可以有效减少事件造成的危害。

（5）全局原则：突发危机事件往往影响面较广，因此，在制定心理危机干预方案时，必须全盘考虑，注重关联性和完整性，做到运作环节无缝隙和应对措施不遗漏。

2. 形式

应急心理危机干预主要有以下两种形式。

（1）个体心理危机干预

个体心理危机干预是针对处于心理危机中的个人及时适当地给予"一对一"的心理援助，使之尽快摆脱困境。

（2）团体心理危机干预

团体心理危机干预是团体心理辅导在应急心理危机干预中的运用。突发危机事件发生以后，由于受害人众多，干预者数量有限，很难采用"一对一"的方式进行。团体辅导不仅可以节省人力资源，高效解决应急心理危机干预的问题，而且有着个体干预不可比拟的优势：第一，团体中的观察、交流、体验可以减轻个体症状带来的"病耻感"和"自责感"，促进自我接纳；第二，团体构建一个有效的社会支持系统，可以让个体感到安全、信任和力量；第三，团体成员之间互相影响，可以起到提高干预治疗效果的作用。

3. 应急心理危机干预的步骤

伯尔·吉利兰（Burl E. Gilliland）和理查德·詹姆斯（Richard K. James）提出了六步骤心理危机干预模型：

第一步：问题界定。通过积极的倾听，明确并理解当事人面临的问题。

第二步：确保安全。在应急心理危机干预的过程中，必须自始至终将确保当事人安全放在首要的位置。在这一阶段，应急心理干预主要是从当事人人身安全及心理安全的角度，对当事人出现破坏行为的可能性、危机事件的紧迫性、当事人能动性丧失的程度及危险的严重性等作出评估；对当事人的内部心理事件和外部环境事件作出评估；帮助当事人看到可以用更好的行动方案代替冲动性的、自我毁灭性的行为。

第三步：提供支持。干预者以无条件的、积极的方式接纳当事人。传递给当事人这样的信息：干预者以关心、体贴、无偏见的积极态度帮助他解决危机，是可靠的支持者。

第四步：诊察方案。帮助当事人探索目前可以利用的各种选择方案，同时协助当事人搜寻环境支持、有效的应对机制和积极的思维方式。

第五步：制订计划。充分利用当事人的内部及外部资源，帮助当事人制订出一个切实可行的应急计划，计划中必须包括当事人能够理解并加以执行的具体、明确的行动步骤。

第六步：获得承诺。帮助当事人对自己作出承诺，保证以实际行动实施所制订的具体的、积极的行动计划，进而逐渐恢复到危机前的平衡状态。

在具体的操作过程中，干预者可以综合运用不同心理学流派的技术和方法进行干预：心理动力学流派的自由联想、释梦技术；行为主义流派的放松训练、系统脱敏技术；人本主义流派的来访者中心、意义疗法；认知流派的理性情绪疗法、自我指导训练、认知重建等方法。

4. 应急心理危机团体干预技术

（1）心理晤谈

心理晤谈主要采用结构化小组讨论的形式，引导受害人谈论应激性的危机事件，通过系统的交谈来减轻其心理压力的方法。心理晤谈的目标是让当事人公开讨论其内心感受，彼此寻求心理支持和安慰，帮助当事人在心理上缓解创伤体验。

危机事件发生后的24—48小时是进行心理晤谈的理想时间。心理晤谈需要在受过训练的精神卫生专业人员的指导下进行。正规的心理晤谈过程可以划分为六个步骤：

第一步：晤谈准备。干预者进行自我介绍，并介绍集体晤谈的规则，解释保密问题。干预者与当事人建立信任关系，当事人自我介绍。

第二步：描述事实。请所有当事人从自己的角度出发，描述危机事件发生时的所在、所见、所闻、所为、所嗅等。干预者与当事人合力共同拼凑出灾难事件的完整画面，使整个事件得以完整重现。

第三步：表达感受。鼓励当事人暴露自己遇到有关事件的最初和最痛苦的想法和感受，让情绪得以宣泄和表达。

第四步：描述症状。请当事人依次描述自己的应急反应症状，包括生理上的失眠、食欲缺乏等；情绪上的恐惧、焦虑、易激惹等；认知上的注意力涣散、记忆力减退等；行为上的攻击行为、自闭行为等。讨论这些症状给工作、生活造成了何种影响和改变。

第五步：心理辅导。首先，干预者介绍正常的应激反应表现，提供准确信息，将应激反应正常化；其次，动员当事人之间相互支持，引导其主动讨论积极的适应与应对方式；最后，干预者提醒可能出现的问题，并根据实际情况，给出减轻应激症状的策略。

第六步：总结恢复。干预者总结晤谈过程，回答问题和补充事项，并提供进一步服务的信息。

（2）其他技术

应急心理危机团体干预技术还包括角色扮演、肢体活动、绕圈发言、幻想活动等，干预者可以根据实际情况灵活运用。

四、应急心理危机干预体系的建立

应急心理危机干预体系是应急管理体系的重要组成部分。应急心理危机干预是一项长期系统性的工作，不仅需要心理工作者的热情，更需要社会各个成员的通力合作。我们需要逐步建立心理危机干预理念和心理危机干预平台，在全国范围内统一规划管理，构建心理危机干预的长效机制，制定各级突发事件应急心理危机干预预案和中长期干预方案，并为其实施提供组织体系、人力资源、政策法规、社会支持等方面的保障。

1. 建立政府主导的应急心理危机干预组织体系

应急管理中的心理危机干预涉及面广，持续时间长，社会影响大，因此需要政府主导，统一指挥，统筹协调。

从我国应急管理的实际情况来看，应急管理实践基本把重点放在对人民群众生命财产安全保障和物资救助方面，对危机事件中群众的心理救援和干预相对薄弱。从2008年汶川地震，到2013年雅安地震，再到2019年的公共卫生事件，我国的应急心理危机干预经历了从自发到自觉，从无序到有序的转变。但是，整体上看，政府的主导作用并不明显，主要依靠心理学会、高校联盟等社会组织的自觉参与。2016年，国家22个部委联合下发《关于加强心理健康服务的指导意见》，明确提出要将心理危机干预和心理援助纳入各类突发事件应急处置中。因此，建立政府主导的、全国范围的、统一管理的应急心理危机干预组织体系势在必行。政府主导的应急心理危机干预在"战时"可以整合社会各方面的资源，有效应对突发事件中的心理危机；平时可以对应急心理危机干预的教育、宣传、演练、人员培训、考核等工作进行监督和指导，确保应急心理危机干预工作科学有序地开展。

2. 提供法律保障

法律对心理危机干预的支持是其他任何形式的支持都无法比拟的——法律可以给心理危机干预工作的开展提供法理上的依据。目前，我国缺乏针对应急心理危机干预的相关法律法规。在《精神卫生法》中也没有关于心理危机干预的具体操作细则，在对突发事件的应急预案中也只是笼统地提到心理危机干预工作。

通过法律保障应急心理危机干预的顺利开展，我们首先要以法律的形式规定应急心理危机干预的专属机构，明确其权利和义务，还要针对决策、指导、实施、后勤物资、信息发布等环节作出详细规定，促进心理危机干预工作高效运转，确保心理工作者依法履行职责的同时也受到法律保护。

其次，监督和落实心理危机干预的法律法规。缺乏监督和执行力度的法律条文是没有权威性的，要独立出监督机构，鼓励网络媒体和人民群众参与监督。

3. 建立心理危机干预预案

预案是针对可能发生的重大事件或灾难所制订的应急处理计划。心理危机干预预案是以突发事件应急处理为基础，以应对突发事件中的当事人、救援人员等个体或群体可能出现或已经出现的心理危机为目标，有组织、有计划、有分工的心理危机干预与心理辅导应急规划。心理危机干预预案是心理危机干预机制的重要组成部分。[①]主要涉及对事件的评估和辨别、明确分工和责任、统一操作流程和规范三个方面。

首先要构建心理危机应对战术框架。从中央部署到地方自主再到各个组织的参与，探索出长期稳定且有普适性的框架，形成整齐有序的救援格局。根据危机事件的程度和性质，干预对象的特点和类别两个维度，划分响应级别。对于每个级别的心理危机，明确规定具体的操作流程和规范。对于每一步操作流程都明确具体的责任部门和责任人，并规定具体的监督部门，负责督促检查落实操作的规范性。

其次，要注意心理危机干预预案的灵活性，因地制宜、因人而异，针对不同情况和群体制定相应的解决方案。例如针对外国友人、少数民族这个群体，考虑文化的差异性；针对身体机能衰退的老人和身心发育尚未健全的儿童，需要更加耐心细致，采用匹配性更高的方法。

4. 推进心理危机干预相关知识的普及

我国心理危机干预工作起步晚，这方面的资源相对匮乏，心理危机方面知识的宣传教育相对薄弱。这使得人们对于心理危机干预存在不知道、不理解、不重视的现象。例如2000年洛阳大火，2008年汶川地震后，都曾经发生过精神卫生工作者主动提供承担心理危机干预工作，但是遭到当地政府和公众冷遇的情况。

宣传和普及心理危机干预知识，是应急心理危机干预体系的重要组成部分。首先可以帮助人们掌握心理危机防范的知识和技能，提高人们的心理免疫力，在面对突发重大公共事件时能够有效地做到自救互救。其次让民众对心理危机干预有一个正确的态度，在遭遇心理危机的情况下能够主动求助，及时得到有效的帮助。最后在应急决策的过程中充分考虑心理危

---

① 曹荣、张小宁：《应急管理中的心理危机干预》，北京大学出版社2013年版，第151页。

机干预的需求。

在教育和科研方面，我们应将心理危机干预的知识技能教育纳入国民教育体系，同时加大对心理危机干预方面的科研投入力量，组织编写心理危机预防指南，开展专门的心理危机干预知识技能讲座。在媒体宣传方面，我们可以利用文艺演出、电影电视、网络短视频等形式，也可以通过搭建微信平台、QQ群聊等形式，在全社会广泛宣传相关知识。

5. 储备心理危机干预的人力资源

根据国家卫健委的数据统计，截至2021年底，我国精神科医生数量为6.4万人，占全国医生总数量的1.49%；我国每10万人中约有4.5名专业精神科医师，低于全球平均水平。尤其是面对突发公共事件，需要接受心理危机干预的人群数量多、范围广，精神科医生远不能满足需求，因此应急心理危机干预工作人员多由经过几天简单培训的志愿者构成，缺乏系统学习和专业训练，人员素质参差不齐，甚至有可能对心理危机患者带来二次伤害。

建设心理危机干预的专业人才队伍，储备心理危机干预志愿力量是应急心理危机干预的必要保障。首先，我们应加强心理危机干预的学科教育，提高专业人员的理论水平。可以针对心理危机干预设置专业和教授课程，培养数量充足技术过硬的专业人才。其次，我们应严格心理危机干预人员的资格准入制度，提高心理危机干预专业人员的准入门槛，要进行专业基础、咨询证书、实操经验等多方面考量。对专业人员、有资质的人员实行终身教育制，定期开展培训，持续更新心理危机干预的技术和方法。最后，我们应完善人才储备和管理制度，建立应急心理危机干预专家信息库和志愿者信息库。号召以医院、慈善基金会、高校、心理研究所为代表的社会力量组建志愿团队，根据各志愿团队的规模数量、专业方向等信息做好统计工作，并制成数据标签进行储备。这样，面对突发重大危机时，我们就可以按照就易原则、就近原则、对口原则等调派志愿者队伍，开展心理危机干预工作。

五、应急心理危机干预的实施

应急心理危机干预主要是帮助来访者处理因危机事件引起的错误知觉判断、异常情绪及行为表现，具体干预的时间可以在危机事件发生后的数小时、数天或者数星期。危机干预中的心理咨询与传统的心理咨询有所不同，它要求干预者使用更具灵活性、便捷性、短期性的咨询策略，以帮助人们适应和度过当下危机，恢复正常心理与生理功能。可以采用电话危机干预、面谈危机干预、社区性危机干预、支持性的团体心理辅导等多种方式。

应急心理危机干预的具体实施主要包括以下五个步骤：

第一步，确定求助问题，尤其是求助者当前所面临的问题，并掌握基本信息；

第二步，评估危机程度，包括认知反应、情绪反应、行为反应及躯体症状，估量危机对当事人的影响程度；

第三步，明确干预目标和计划，制定的干预目标需要考虑求助者自身的期盼，并结合危机特点，做到具体、实用、灵活多变、有针对性；

第四步，干预实施，实施过程中，可采用多种策略帮助当事人宣泄情绪、矫正认知、领悟问题、获取方法，并积极争取获取新的社会支持；

第五步，干预结果评估。

第四节　创伤后应激障碍与创伤后成长

一、概念界定

心理学上把灾害后人们所受的心理创伤统称为应激障碍。根据创伤对人们造成的痛苦症状的严重程度和持续时间，可以分为三类：急性应激反应、急性应激障碍和创伤后应激障碍。

急性应激反应（Acute Stress Reaction, ASR）又称适应障碍，是指当个体面临突如其来的事件时所发生的暂时不适应。

急性应激障碍（Acute Stress Reaction，ASD）是指因急性、严重的精神刺激而发病，表现为强烈恐惧体验的精神运动性兴奋，或者精神运动性抑制。

创伤后应激障碍（Post-Traumatic Stress Disorder，PTSD）是指受到异乎寻常的威胁性或灾害性应激事件或情境，导致个体延迟出现和长期持续存在的精神障碍，又称延迟性心因性反应。①

三者的区别和联系见表7-1。其中，急性应激反应和急性应激障碍主要通过前文讲的应急心理干预予以改善。这节，我们主要讨论延迟出现的创伤后应激障碍的应对。

表7-1　三类应急障碍对比分析表

类别		急性应激反应（ASR）	急性应激障碍（ASD）	创伤后应激障碍（PTSD）
出现时间		几分钟内	数小时内	延迟出现（三个月或更久）
持续时间		一般不超过三天	一个月	长期持续存在（一年或多年）
主要症状	生理	心动过速、出汗、面赤	睡眠障碍	睡眠障碍、灾害梦魇、心悸出汗、面色苍白
	认知	意识范围受限，注意力狭窄、定向错误等	强烈意识障碍，注意力狭窄、定向力障碍	集中注意力困难，选择性遗忘
	情绪	焦虑、愤怒、抑郁、绝望等	兴奋、激越（情感爆发）或焦虑、紧张、恐惧（情绪低落）	担心、害怕、紧张、焦虑、麻木、冷漠
	行为	退缩或激越性活动过多	喊叫、乱动、毁物伤人或缓慢、木僵、退缩、有自杀倾向	回避、退缩、社会功能受损，丧失目标和信心

① 马建青：《震后心理援助指南》，浙江大学出版社2008年版，第56—58页。

续表

类别	急性应激反应（ASR）	急性应激障碍（ASD）	创伤后应激障碍（PTSD）
发展及应对	通常可自愈	自愈、通过干预改善或转化为PTSD	最严重，需要长期专业的治疗
相似之处	三者的诱因相似，都是突发创伤性事件；症状相似，但程度不同，自左向右有逐渐加重的趋势		

二、创伤后应激障碍的症状和诊断

创伤后应激障碍是灾后最严重的身心障碍。最初，这一概念被用来描述创伤性战争经历后的种种结果，也称为"战争疲劳"。后来人们发现，个体在经历威胁生命的事件包括自然灾害、事故灾害、暴力虐待等之后，也可能产生创伤后应激障碍。

创伤后应激障碍通常在创伤性事件发生后的三个月内出现，也可能在事后数个月至数年间延迟发作。根据病程长短和出现时间的不同，我们可以将其分为三类：急性创伤后应激障碍（事件发生后一个月内发病，病程小于三个月）、慢性创伤后应激障碍（持续时间超过三个月）以及迟发型创伤后应激障碍（创伤性事件发生三个月以后才发病）。[①]

创伤后应激障碍作为最严重的创伤反应，除了具有急性应激反应和急性应激障碍的症状外，还经常表现出以下五种症状。

1. 反复重现创伤性体验

不由自主地回想灾难经历；反复出现有创伤性内容的噩梦；有灾难再次发生的错觉或幻觉，体验到相应的痛苦感觉，并伴有情绪反应。

2. 持续的警觉性增高

对环境高度警觉，进而导致入睡困难，睡眠不深；集中注意力困难；过分担惊受怕。

---

① 马建青：《震后心理援助指南》，浙江大学出版社2008年版，第60页。

3. 对与刺激相似或有关情境的回避

极力避免想与创伤性经历有关的人和事；避免参加相关活动；回忆灾难经历重要部分有困难；选择性遗忘，并伴随着兴趣丧失，情感冷漠。

4. 社会适应障碍

社会功能受损，不能正常行使。具体表现：在社交方面，不愿与人交往，尤其是情感交流，难以接受或表达细腻的情感；在生活方面，不能安排自己的生活和工作，不能照顾好自己和家人，弄不清楚时间和地点。

5. 心理崩溃不能自制

精神压力达到无法承受的程度；对未来失去希望、信心和目标，万念俱灰，引发抑郁、焦虑等多种精神疾患，甚至出现滥用药物、自伤自残等消极行为。

创伤后应激障碍主要采用临床访谈和自陈式量表的方式进行评估和诊断。美国精神疾病诊断与统计手册第四版（Diagnostic and Statistical Manual DSM-4）对创伤后应激障碍的诊断标准为：

（1）经历了创伤性事件。

（2）该创伤性事件被不断反复体验。

（3）持续逃避与创伤相关的刺激，通常的反应是麻木。

（4）持续过度警觉。

（5）困扰［标准（2）（3）（4）的症状］持续的时间超过1个月。

（6）困扰导致了需要临床医治的显著痛苦，或造成了社交、职业或其他重要领域功能方面的损害。

应急心理危机干预的一个主要任务就是识别创伤后应激障碍的显在和潜在患者，并帮助患者尽早转到专业治疗机构接受专业的帮助，避免症状的持续恶化。因此，创伤后应激障碍的治疗不是我们讨论的重点，我们主要掌握创伤后应激障碍的识别和诊断。

三、创伤后复原和创伤后成长

创伤带给人们的持久伤害是普遍和必然的吗？积极心理学的研究发现，人类对严酷逆境的应对情况整体上呈钟形分布，在极端脆弱的一侧，会出现病理性的创伤后应激障碍。但是，人类是从几千年的逆境中进化而来的，自古以来，人类对待逆境的通常反应是复原——先是一段相对较短时间的焦虑、抑郁，随后又恢复到先前的功能水平，即创伤后复原。还有一些人，在经历极端的逆境带来的强烈抑郁、焦虑，接近创伤后应激障碍的症状之后，达到一个更高层次的心理功能水平，获得了成长，即创伤后成长。正如尼采所说：那些杀不死我的，必使我更强大。

创伤后复原和创伤后成长是积极心理学研究的一个重要领域。调查发现（彼得森、朴兰淑、塞利格曼）：那些经历过可怕事件（被折磨、患重病、入狱等）的人们，比那些没有经历过的人拥有更强的优势和幸福感；那些经历过两件可怕事情的人比经历过一件的人更坚强；而经历过三件的人又比那些经历过两件的人更坚强。

在此基础上，他们总结出了促进创伤后成长的五个要素：（1）理解对创伤的反应如情感淡漠、丧失信心等都是正常反应，而非创伤后应激障碍这种精神疾病的症状。（2）减少焦虑和强迫性想法。可以通过干预传授一些控制强迫性想法的技术。（3）建设性的自我表露。压抑可能导致生理和心理症状的恶化，我们应鼓励当事人讲出创伤故事。（4）描述创伤后的积极改变。引导当事人积极应对以后的生活，帮助他们认识到创伤与成长同在。如哪些优势被激发，如何改善人际关系，如何提升了精神生活，如何变得更加珍惜生命，出现了哪些新的机会等。（5）总结因创伤而产生的更加坚强、无惧挑战的人生原则和立场。①

---

① 马丁·塞利格曼著，赵昱鲲译：《持续的幸福》，浙江人民出版社2012年版，第149—150页。

积极心理学关于创伤后复原和创伤后成长的概念与应急管理中"大安全理念"和"风险前端控制全过程管理"的思想不谋而合。可以巧妙地将创伤后应激障碍后期治疗转化为事前预防，将创伤转化为成长，让悲伤与感恩同在，脆弱与力量同在。其基本原理在于通过积极的自我意识，积极的认知风格和积极的人际关系构建起稳固的精神堡垒，在遇到任何挫折和打击的时候，精神堡垒都不会崩塌。具体的方法包括：建立性格优势，建立心理复原力，建立强有力的社会支持系统。

1. 建立性格优势

自我意识是个体精神世界的中流砥柱和定海神针。具有积极的自我认知和自我体验，喜欢自己，接纳自己，相信自己有能力应对和克服困难是个体在危机中保持稳定的基本前提。发现并运用自己的性格优势，是建立积极自我意识的重要方法之一。

首先是性格优势的发现。具体方法包括：自省、经验、他人评价、VIA性格优势测验等。

其次是性格优势的强化。发现性格优势并不足以提高自信心，要想达到提升心理复原力的目的，还需要对这些性格优势进行自我认证和强化。即搜集充分的证据证明自己确有此项优势，发自内心地相信自己的能力。

最后是性格优势的运用。性格优势并不是一成不变，一劳永逸的，而是用进废退，发展变化的。在实践中善用这些优势，才能够让它成为自信心和心理复原力的基础。

在遭遇战争、自然灾害、失去亲人等创伤性事件时，一个善用性格优势的人不会一蹶不振，而是会在短暂的悲伤焦虑之后想到：我是一个有责任心的/正直的/勇敢的/……人，此刻我可以运用这些优势做些什么来改善自己及周围人的现状。例如在新冠疫情期间，一些有责任心，有爱心的年轻人加入志愿者的队伍，帮助社区工作人员完成发放物质、维持秩序等工作；一些学习能力强，具有专业技能的个体通过自媒体在网络上传播一些科学防疫的、正能量的信息，帮助更多的人。他们在助人的过程中重新获得生活的意义感，不仅可以成功的驱散抑郁焦虑等负性情绪，避免创伤带来的不良反应，还可以从助人的过程中获得成就感和幸福感。

2. 建立心理复原力

该方法主要是运用阿尔伯特·艾利斯的合理情绪理论和ABCDE模型，建立积极的认知风格。

合理情绪理论认为，情绪后果并不是由客观事件直接引发，而是经由并取决于我们对事件的认知评价和解释。识别并改变驱动特定情绪的认知，情绪和行为结果也会发生相应的改变。

ABCDE模型是基于合理情绪理论的情绪调节方法。如果对负性事件（A）的信念（B）不同，产生的后果（C）也就不同，因此，改变的关键就是反驳（D）自己所具有的悲观信念，当反驳任务完成以后，情绪和行为结果发生变化，自己也得到了激励和启发（E），从而巩固自己刚建立起来的新信念（见图7-5）。反驳的具体策略有：收集证据；乐观；换个角度。例如在新冠疫情肆虐期间，很多人因为无法正常工作学习陷入焦虑的情绪，适时引导他们去观察思考，新冠疫情带来哪些积极的改变，可以在一定程度上缓解焦虑。

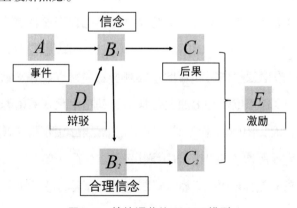

图7-5 情绪调节的ABCDE模型

除此以外，记感恩日记、表达感恩，聚焦"好事"等活动都可以起到改善健康、睡眠和人际关系的效用，进而提高心理复原力。心理复原力的建设既可以促进创伤后成长，又可以预防创伤后应激障碍。

3. 建立强有力的社会支持系统

一个人如果既相信自己也相信别人，并且对自我实现和战胜危机充满信心，那么危机状态就不会持续很长时间。强大的社会支持系统意味着危机中当事人更有可能获得精神上的、物质上的、行动上的帮助和支持。多项研究表明，社会支持是缓解压力最重要的途径之一。社会支持系统包括：家人、亲属、师长、同事、熟人、社会人群等。

从个体角度看，社会支持系统的构建，受到人品、性格、能力、地位等诸多因素的影响。其中，最具有可塑性的因素就是人际沟通的能力和技巧。雪莉·盖博士的研究表明，采用积极主动的沟通模式，爱和友谊会得到提升。积极主动的沟通包含了以下四个要素：真诚地对对方表达的内容感兴趣，积极乐观的态度，细腻的共情，慷慨热情的支持。对于不熟悉或不习惯积极主动沟通的人来说，这项技能是可以通过刻意练习习得的。

从群体的角度看，营造和谐的社会环境，团结友爱的家庭、社区、职场氛围可以为社会支持系统的构建提供良好的基础。中国是一个人民当家作主的社会主义国家，自古以来的文化传统中就有着浓厚的"集体主义""家国情怀""重人情""重礼仪"的传统，当灾难来临时，我们可以由近及远地得到来自家人、亲友、邻里，甚至陌生人，工作单位、地区、国家的不同程度的支持和帮助，而且这是在灾难没有发生时我们就对此深信不疑的信念，这强有力的支持系统及其稳定存在的信念让我们更有信心去应对危机和困境，避免了无助带来的迷茫和崩溃。例如在汶川地震、新冠疫情等历次灾害中，中国人民都发挥了一方有难八方支援的精神，众志成城，无往不胜。因此，保持并发扬这友善互助合作的文化传统，就构成了中国人独有的心理复原力。

第八章

应急角色的心理和行为调控

　　"角色"是联系个体与社会整体的重要桥梁和纽带。角色理论试图从人的社会角色属性解释社会心理和行为的产生和变化。在社会中，每一个角色都被赋予特定的权利、义务和相应的行为方式；每个角色主体既服从角色要求，也在一定范围内发挥主观能动性"创造"角色。应急管理是一项涉及"政府管理者""一线急救员者""灾难受害者""灾害亲历者"等多个主体的系统工程。以角色理论为基础，从社会角色视角对主体心理行为进行分析，有助于我们对应急管理过程的优化。

第一节　应急管理心理

一、应急管理的概念

　　应急管理指应用科学、技术、规划与管埋，应对能造成大量人员伤亡、带来严重财产损失、扰乱社会生活秩序的极端事件，降低其发生的概率，减轻其危害，挽救生命和财产的行为。

　　广义的应急管理包括个体和各类组织对突发灾难性事件的应对。政府是应急管理的主导者，这里我们对应急管理作狭义的理解，指的是各级政府应急管理部门应对危机事件的决策和行动。

二、我国应急管理的组织体系

我国应急管理体系的形成主要经历了三个发展阶段。

2003年"非典"疫情之前，属于部门主导的应急管理体系。

2003年之后，全国各地成立了政府应急办系统，以推进"一案三制"体系建设。

2018年，在深化党和国家机构改革中，党中央决定组建应急管理部和国家综合性消防救援队伍，对我国应急管理体制进行了系统性、整体性重构。我国基本形成了统一指挥、专常兼备、反应灵敏、上下联动的中国特色应急管理体制。国家层面有中华人民共和国应急管理部，各级政府也相应成立了应急管理厅、应急管理局，基层应急管理组织体系也在不断建立，我国应急管理进入新的发展阶段。

国务院是突发公共事件应急管理工作的最高行政领导机构。应急管理部负责国家应急管理工作的组织、协调、指导和监督。地方各级人民政府是本行政区域突发公共事件应急管理工作的行政领导机构，负责本行政区域内各类突发公共事件的应对工作。地方各级应急管理部门负责区域内应急管理工作的组织、协调和落实。

三、应急管理的特点

由于应急管理具有时间紧迫、责任重大、信息有限、非程序性等特点，因此，应急管理决策的过程往往伴随着巨大的心理压力。

危机事件通常是突然暴发的，且在短时间内迅速蔓延，威胁人的生命安全和生存环境，要在短暂的时间内迅速做出正确的决策，给出可行性的应对方案，要克服由于时间紧急和形势危险而造成的心理压力。

突发危机事件往往缺乏充分的信息和成熟的经验，应急管理面临很大的不确定性，需要在信息有限的情况下，摸着石头过河，还需要随着事态的迅速演变而不断调整决策方式，这种不确定性是应激的重要来源。

应急管理是一项系统工程，应急管理涉及面广，需要调配整合的人、财、物、信息资源多种多样，涉及建立机构、培训人员、建章立制、危机监测、预警预防、应急处置、控制修复、善后协调、评估改进等众多环节，需要临危不乱的良好心态。

四、心理因素分析

首先，应急管理是一种逆境状态下的管理，时间紧迫，责任重大。应急参与主体尤其是决策者和管理者一般都处于一种高度紧张的心理状态，这种心理状态往往表现为激动、焦虑、恐惧，甚至因内心冲突而产生心理挫折。这些心理影响决策者的认知能力、分析和判断能力，进而影响对突发事件的反应和控制。

其次，作为应急管理的主导者，应急管理人员在工作中感受到的焦虑和恐慌是不被允许也不能表达的，通常只能采取压抑、否认、隔离、补偿等消极心理防御机制①。这些消极防御机制可以使主体在遭受困难与挫折时暂时减轻或免除精神压力，恢复心理平衡，但如果心理冲突不能自行消解则可能导致心理疾病。

最后，在应急管理过程中，所有人都会把注意力投注在受害者及其

---

① 心理防御机制，防御是精神分析理论中的一个重要概念，在人格结构中它属于自我（ego）的功能，具有自我保护的功能。当自我觉察到来自本我、超我、现实我的冲动时，就会以预期的方式体验到一定的焦虑，并尝试用一定的策略去阻止它，这个过程就是防御。心理防御机制是指个体面临挫折或冲突的紧张情境时，在其内部心理活动中具有的自觉或不自觉地解脱烦恼，减轻内心不安，以恢复心理平衡与稳定的一种适应性倾向。

家属、一线的救援人员身上，应急管理人员的心理压力往往被忽视，难以得到支持和帮助，需要独自承担。在中国知网上输入主题词"应急管理""管理者""心理"进行检索，检索结果显示目前尚无针对应急管理者心理的相关研究。

五、应急管理者的心理行为调适

应急管理者是应急管理的主导者、掌舵者，在应急管理过程中发挥关键作用，其心理健康状况不容忽视。应急管理者的心理行为调适可以从以下三个方面着手。

（一）事前的心理素质训练

突发灾难性事件发生以后，应急管理人员需要立即投入灾害应对的工作中，个人的心理健康状况根本无暇顾及，因此，事前的预防工作非常重要。事前干预的目标是提升应急管理人员的心理素质，使其适应应激环境，在紧急情况下保持理智，不被情绪掌控。具体的方法包括心理准备训练、基本心理素质训练、情景处置训练、团队协作训练、心理复原力的训练等。

1. 心理准备训练

心理准备训练是指通过阅读文献资料、观看影像资料、参加课程培训等方式预先了解突发危机事件的类别、特点以及可能出现的各种情况，做好充足的心理准备；学习前人在应急管理过程中积累的经验教训，做好知识、经验的储备。

2. 情景处置训练

纸上得来终觉浅，绝知此事要躬行。应急管理的模拟演练可以让应急管理人员将所学知识应用于实践，产生身临其境的效果，并且在实践的经验中不断打磨应急处置能力。同时，帮助他们适应应急情境，提升遇事沉着冷静、正确果断地独立处置复杂情况的能力。

3. 基本心理素质训练

应急管理工作的特点决定了应急管理人员需要具备迎难而上的信心和勇气、勇挑重担的责任和担当、临危不乱的冷静和理智、条理清晰的逻辑和思辨力以及处乱不惊的情绪管理能力。除了培养过硬的政治素质，积累成功经验以外，正念和冥想是聚焦当下、稳定情绪、保持理智的有效方法。

（二）事中的心理压力缓解

在应急管理和处置的过程中，不可避免地会遇到一些无能为力、难以取舍或者造成巨大心理冲击的创伤场面，给应急管理人员带来难以承受的心理压力。这时，为了确保工作的顺利开展，可以采用认知行为疗法中的稳定化技术。稳定化技术通过引导想象，帮助当事人将压力及感受、情绪等各种反应"打包"，暂时"封存"，隔离当下的烦恼和痛苦，待到以后逐步处理。稳定化技术可以帮助当事人在比较短的时间内，恢复个体的心理功能。

稳定化技术具体包括保险箱技术、遥控器技术、安全岛技术、光柱技术、吹气球技术、着陆技术、内心的花园技术、渐进式放松技术等。

这里我们以保险箱技术为例，详细介绍其使用方法。保险箱技术是一种可以用来帮助自己处理负面情绪或者心理创伤的稳定性技术。在指导语的帮助下，自己可以借助想象的力量将负面情绪打包封存，从而让自己的心理功能尽快恢复。保险箱技术可以分为五个步骤：①调整姿势，深呼吸，放松身心；②尽可能细致地想象一个牢固的保险箱；③压力事件的再现和压缩；④封存压力；⑤深呼吸，回到当下。

保险箱技术指导语

深呼吸，让自己放松下来。尽可能舒服地坐在椅子上，双腿稍稍分开，跟肩差不多宽，双手自然地垂放在腿上。如果觉得眼镜等戴着不舒服，可以摘下来放在一边。可以微微靠在椅背上，但不宜太用力倚靠。舒服最重要。

接下来，请想象在你面前有一个保险箱：现在请你仔细看着这个保险箱，它有多大？它是用什么材料做的？它是什么颜色的？它的壁有多厚？这个保险箱里面分了格子还是没有分格？有没有抽屉？仔细观察这个保险箱的细节，箱门容易不容易打开？开关箱门的时候有没有声音？如果关保险箱门的话，操作步骤如何？有没有钥匙？如果有钥匙的话，钥匙是怎么样的？如果不是用钥匙的话，锁是怎样的？是密码的吗？是按键的，还是转盘的？是遥控的，或者电脑操控的？

请你看着这个保险箱，并试着关一关，你觉得它是否绝对牢靠？如果不是，请你试着把它改装，加固到你觉得百分之百的牢靠。自己再检查一遍，看看自己选择的保险箱的材料是否正确，壁是否结实，锁是否足够牢靠。

现在，请你打开保险箱，把所有给你带来压力的东西统统装进去。有时把压力装进保险箱一点儿也不费事，有时则会感觉比较困难。你可能不知道如何把负面的感觉、可怕的画面等装进保险箱。我们就可以把心理负担想象为一些物质性的东西，让自己能够把那些东西不费力气地放进保险箱。

给自己的负面感觉或身体不适设定一个外形，比如有弹性的球或一株仙人掌，尽量让它可以压缩，然后你可以将它压缩到足够小，从而可以放进保险箱并锁住。

如果你的压力来源于负面的想法（念头），你可以把它写在一张纸条上，为了保密、安全你可以用一种别人看不见的墨水，必须要用你特制的显影药水才能看见。然后，将纸条放进一个信封装好，放进保险箱里。

如果你的压力来源于一个画面、场景或声音，你可以把它投影成一张照片或刻录到光盘/录音带上，必要时将之缩小，然后放进保险箱。

如果你的压力来源于一种气味，你可以将气味吸进一个瓶子，用软木塞塞好，然后放进保险箱。

当所有的负性压力事件都已经装好，请把保险箱的门关上锁好，并收好钥匙。

请把保险箱放到你认为合适的地方，这地方不应该太近，而应该在你力所能及的范围里，但又尽可能放远一些。比如可以把保险箱发射到某个陌生的星球，或让它沉入海底，等等。当你想去的时候，你随时可以到达。

放好以后，你有没有感觉身心轻松了许多，现在再做三次深呼吸，然后回到当下。

（三）事后的心理创伤疗愈

在应对突发危机事件的过程中，应急管理者一直处于高压的应激状态，会产生一些不适的症状，甚至是比较严重的心理创伤。如果不及时处理，也可能发展成创伤后应激障碍，给当事人带来持久的消极影响。因此，在事后对应急管理者进行必要的心理疗愈，处理那些在应急过程中暂时"封存"的问题，是十分必要的。采用何种干预方法，需要我们具体情况具体分析，其中普适度比较高的方法有存在主义的来访者中心疗法和团体心理唔谈法。这里主要介绍来访者中心疗法。

来访者中心疗法是由美国心理学家罗杰斯创立的以人本主义心理学和存在主义心理学为理论基础的心理治疗、辅导方法。该方法强调干预者以平等伙伴的身份去理解当事人的问题与情绪，为其提供一个无所顾忌地自由表达和宣泄的机会，并帮助其体验自我价值，实现其人格成长。

咨询的目标就在于创造能进行有意义的自我探索之情境，使当事人感到更加自由，更加积极和主动，帮助个体独立于整体，帮助他们认识自己的经验和自己的成长，找到自己发展的方向和目标、价值和意义。

灾难性事件往往让人感到自身的无力和渺小，再高明的应急管理也不可避免有伤亡和损失。因此遭遇危机后的当事人往往会出现自卑和自我否定，来访者中心疗法通过共情、倾听、积极关注技术的运用，在医患之间建立起良好关系和无条件接纳关系，可以促进一个人对自我更加关注。

第二节　应急救援心理

一、应急救援的概念

应急救援一般是指针对突发、具有破坏力的紧急事件采取预防、预备、响应和恢复的活动与计划。广义的应急救援包括应急管理的决策、指挥、规划、监督等活动，为了与广义的应急管理相区分，这里我们对应急救援做狭义的理解：指的是在应对危机事件过程中，与危险或困难正面交锋，为受灾者直接提供救助的活动。

二、我国应急救援队伍的构成

我国的应急救援力量主要包括国家综合性消防救援队伍、各类专业应急救援队伍和社会应急力量。其中，国家综合性消防救援队伍主要由消防救援队伍和森林消防队伍组成，是我国应急救援的主力军和"国家队"，承担着防范化解重大安全风险、应对处置各类灾害事故的重要职责。各类专业应急救援队伍主要由地方政府和企业专职消防、地方森林（草原）防灭火、地震和地质灾害救援、生产安全事故救援等专业救援队伍构成，是国家综合性消防救援队伍的重要协同力量，担负着区域性灭火救援和安全生产事故救援、自然灾害救援等专业救援职责。另外，交通、铁路、能源、工信、卫生健康等行业部门都建立了水上、航空、电力、通信、医疗防疫等应急救援队伍，主要担负行业领域的事故灾害应急抢险救援任务。社会应急力量指的是志愿者组成的应急救援队伍。经调查，目前我国的社会应急救援队伍有1200余支，依据人员构成及专业特长开展水域、山岳、城市、空中等应急救援工作。同时，人民解放军和武警部队是我国应急处置与救援的突击力量，担负着重特大灾害事故的抢险救援任务。

三、应急救援的特点

应急救援工作具有危险系数高，工作环境复杂，任务强度大，不确定性高等特点，因此，应急救援人员的工作压力远高于其他职业人群。

由于灾害发生的时间、地点、性质、严重程度等都是偶然的，因此，应急救援工作具有很大的不确定性，而这种不确定性最容易导致恐惧和焦虑。

灾害发生后，应急救援人员需要立刻投入抢救工作，像火灾、洪水等一类自然灾害的救援现场复杂，救援人员不仅暴露于惨重的伤亡情境之下，而且自身还面临着生命危险，这些都会使他们产生一系列的心理应激反应，如恐惧、焦虑、无助感、挫败感等。

四、心理因素分析

如果说应急管理人员与灾害和危险是两军对峙的话，那么应急救援人员就是与灾害和危险短兵相接。因此与应急管理人员相比，应急救援人员面临着更大、更直接的风险，有时甚至付出生命的代价。

应急救援人员面临的心理挑战主要有以下三个方面：

第一，应急救援工作的难度和危险系数大对其自尊心、自信心和安全感带来挑战。

第二，工作环境的恶劣和创伤场景对其身心平衡、认知能力产生威胁。

第三，救援工作时间紧、任务重，焦虑、恐惧等消极情绪无法得到及时的疏解。

随着社会的发展进步，一些学者和管理者开始关注社会救援人员的心理健康问题，尤其是关注救援人员中比较高发的抑郁和创伤后应激障碍等问题，但是在前期预防和早期处理方面还做得远远不够。

五、应急救援者的心理行为调适

应急救援人员是应对突发风险性事件的主力军，是民众在危难之中最可以信赖和倚仗的人。他们的心理健康状况更应该受到重视。应急救援者的心理行为调适同样可以从以下三个方面着手。

（一）事前的心理素质训练

突发灾难性事件发生以后，应急救援人员需要立即投入救援工作，个人的心理健康状况根本无暇顾及，因此，事前的预防工作非常重要。事前预防的主要目标是明确任务、减轻焦虑、建立自信。具体的方法有以下四种。

1. 心理准备训练

通过岗前培训、业务培训等方式帮助社会救援人员了解和体验各种灾难救援现场的特点以及可能出现的各种情况，做好充足的心理准备。

2. 基本心理素质训练

通过暗室迷宫等方法对救援人员的注意力、观察力等认知能力进行强化训练，确保他们在复杂危险的情况下能够保护自身安全，提升自信心，降低对未知风险的恐惧和焦虑。

暗室迷宫训练具体操作法

在一定面积的暗室中设定难度等级不同的迷宫，制定相应的过关标准，让受训者从明亮的地方进入黑暗的暗室迷宫环境中，在被试进入迷宫前，主试告之要尽快走出迷宫，并对被试进出迷宫的整个过程进行监控，准确记录所用时间和错误次数，在被试出来后告之他的得分情况，然后让其再次进入暗室寻找出口，这样经过反复训练，受训者的视觉、听觉、触觉等感觉器官的感受能力就会不断得到提高。为了更好地提高受训者的感知力，还可以设计一些稍停即逝的刺激场景，如一闪而过的某张面孔、身影或某些细致动作、表情、神态、耳语和姿势，让受训者迅速捕捉到刺激源，查找到刺激物，以提高感觉器官反应的灵敏性和准确性。

3. 情景处置训练

建立模拟训练基地和计算机模拟训练系统，营造逼真的灾难环境，使救援队员犹如身临其境，培养他们遇事沉着冷静、正确果断地独立处置复杂情况的能力，提高实战的适应性，锻炼救援队员心理适应能力和应变能力。

4. 团队协作训练

良好的社会支持系统是应对心理压力最好的资源，而在面对救援任务时，救援队员之间的相互信任合作、支持鼓励是其他社会关系无法取代的。因此，在日常训练中可以设计一些需要团结协作才能完成的项目和游戏，使救援队员在轻松愉快的活动中强化自己对所在群体的认同感和信任感，激发队员的集体荣誉感，塑造一支团结奋进、战斗力强的救援队伍。

（二）事中的心理压力缓解

应急救援的任务有时是艰难而危险的，不可避免地会遇到一些力不从心的情况，为了保持救援人员的良好身心状态，需要在执行任务阶段合理安排工作岗位（尽可能安排同伴）与工作时间（最长不超过12小时），保证工作人员有充分的时间休息，保证其与队友以及家人的交流。同时，我们还应利用各种缓解压力的技术帮助救援人员适时减轻心理压力，例如在上一节中提到的稳定化技术。在这一小节中我们重点介绍其中的安全岛技术。

安全岛技术是一种用想象法改善自己情绪的心理学技术，可以帮助我们稳定情绪，调整状态，恢复平静，让自己拥有更好的自我控制感。

安全岛技术的操作主要包括以下六个步骤。

1. 放松准备

找一个尽量安静、舒适的空间，坐下来或者躺下来；身体放松，调整呼吸的节奏，保持呼吸的平缓、均匀、顺畅。

2. 构想场景

尝试在脑海中想象一个让自己能够全身心放松，感到安全、舒适的地方，尽量让这个场景变得清晰。

3. 体验场景

当场景逐渐清晰后，尝试对场景进行自我确认，包括画面、物体、色彩、声音等，并确认这种体验给自己带来的感受。

4. 安全确认

当这个安全岛让自己找到舒服的感觉时，进行安全确认。当对安全岛足够满意，并且带来了安全、舒适、惬意的感觉时，通过调整身体姿势或手部动作，让自己正式进入并徜徉在安全岛内。

5. 享受放松

让自己在安全岛里享受宁静和放松的感觉，并细细地体会现在的这种感受，保持一段时间，比如5—10分钟，如果自己愿意，更久些也可以。

6. 回到当下

当自己感觉情绪变得平静或愉悦时，可以撤掉自己之前的身体姿势或手部动作，慢慢地睁开眼睛，回到当下。当然，这个练习不一定最终要以回到当下而结束，如果是休息时间，进入了睡眠状态也是可以的。

安全岛技术指导语

现在，请发挥你的想象力，在心里找一找，有没有一个安全的地方，在这里，你能够感受到绝对的安全和舒服——你可能想象它就在你的附近，也可能离你很远，无论在什么地方，你都能自由自在地进去，也可以随时离开。

试试看，你已经在里面了，而且只有你一个人能进去，还可以带上你喜欢的、可爱的东西来陪伴你，为你提供帮助。

这个地方非常安全，你可以给这地方设一个你所喜欢的边界，只要你不允许，边界外面什么也进不来。只有你可以决定哪些有用的东西允许被带进来，里面也不要有其他人，如果你感到孤单可以随时出去。

别着急，慢慢想，找一找这么一个神奇、安全、安逸的地方。也许你看见某个画面，也许你感觉到了什么，也许你首先只是想着这么一个地方。让它出现，无论出现的是什么，就是它啦。如果你在找这个地方的时候有些不舒服的画面或者感受，不要紧，你可以告诉自己，现在你只是要在心里发现好的画面——处理不舒服的感受可以等到下次再说。现在，你只是想找一个只有美好的、使你感到舒服的、有利于你的地方。你可以肯定，肯定一个这样的地方，你只需要花一点儿时间、有一点儿耐心。

有时候要找一个这样的地方还有点儿困难，因为还缺少一些有用的东西。但你要知道，为找到和装备你内心的安全岛，你可以动用一切你想得到的器具，比如交通工具、口用工具、各种材料，当然还有魔力，一切有用的东西。

当你来到这个地方，请你环顾左右，看看是否真的感到非常舒服、非常安全，可以让自己完全放松。请你用自己的心智检查一下。有一点很重要，那就是你应该感到完全放松、绝对安全、非常惬意。请把你的安全岛规划成这个样子。

你的眼睛所看见的东西让你感到舒服吗？如果是，就留在那里；如果不是，就变换一下，直到你的眼睛真的觉得很舒服为止。

你能听到什么，舒服吗？如果是，就留在那里；如果不是，就变换一下，直到你的耳朵真的觉得很舒服为止。

气温是不是很适宜？如果是，那就这样；如果不是，就调整一下气温，直到你觉得很舒服为止。

你能不能闻到什么气味？舒服吗？如果是，就保留原样；如果不是，就变换一下，直到你真的觉得很舒服为止。

如果你在这个属于你的地方还是不能感到非常安全和十分惬意的话，这个地方还应该做哪些调整？请仔细观察，在这里还需要些什么能使你感到更加安全和舒适。

把你的小岛装备好了以后，请你仔细体会，你的身体在这样一个安全的地方，都有哪些感受？你看见了什么？你听见了什么？你闻见了什么？你的皮肤感觉到了什么？你的肌肉有什么样的感觉？呼吸怎么样？腹部感觉怎么样？请你仔细体会现在的感受，这样你就知道，到这个地方的感受是什么样的。

如果你在这个地方感觉到绝对的安全，就请你用自己的躯体设计一个特殊的姿势或动作，用这个姿势或动作，你可以随时回到这里来。以后，只要你一摆出这个姿势或做这个动作，它就能帮你在你的想象中迅速地回到这个地方来，并且感觉到舒适。你可以握拳，或者把手摊开。这个动作可以设计成别人一看就明白的样子，也可以设计成只有你自己才明白的样子。请你带着这个姿势或者动作，全身心地体会一下，在这里的感受有多好。

撤掉你的这个动作，回到这个房间里来。

（三）事后的心理创伤疗愈

在救援任务结束后，我们应及时安排救援人员休息放松，对其进行必要的心理疗愈，前文提到的团体心理晤谈法，同样对应急救援人员非常适用。此外，对于可能发生创伤后应激障碍的救援人员应该尽早发现并转介到专门机构进行干预治疗。

第三节　受害者心理

危机事件具有突发、难以准确预测、危害严重、影响范围广等特点，因此，对于每个人来说都是一种应激，都会导致其产生不同程度的情绪变化、生理反应、认知障碍及行为异常，尤其是危机事件的直接受害者。

一、受害者的范畴和类别

突发危机事件中的受害者具体包括四种情况：（1）在灾难中受到经济财产损失的受灾群众；（2）失亲者；（3）幸存的伤残病员；（4）受到惊吓，产生心理异常的人。值得注意的是，这四种情况并不是各自独立的，有的人可能在同一次灾难中同时丧失了财产、亲人以及身体和心理的健康。通常来讲，丧失亲人、财产等的程度和心理创伤的程度是成正比的，但也受到个体性格特点、认知风格、心理韧性、社会支持系统等因素的影响。

二、不同受害者群体的心理和行为表现

经历灾难性事件的受害群众普遍会出现一些异常的心理和行为，具体

表现为情绪方面，如产生恐惧、焦虑、愤怒和抑郁等消极情绪。日常建立的安全感和对世界的普遍信任丧失，不确定感增强，过度担心害怕，担心灾难会再次发生，害怕自己和亲人受到伤害，害怕自己崩溃，无法控制自己。无法接受灾害带来的巨大破坏，变得暴躁易怒、内疚、无望、自责甚至有自杀的想法。在认知方面，否认已经发生的事件，以各种形式重复被动体验的创伤性事件或情境，丧失理智和冷静，决策困难。行为方面，逃避和退缩，不愿意想起或说起与灾难有关的事情，回避社交；在消极情绪的驱动下，产生攻击行为，愤怒者攻击他人，抑郁者攻击自己；不敢独处，生活不能自理等。当强烈的刺激超出了机体的承受极限，受害者还会出现一些生理反应，如进食和睡眠障碍、慢性疼痛、易疲倦等。

其中，失亲者受到的打击更大，他们在毫无心理准备的情况下突然失去父母、孩子等骨肉至亲，会陷入无比悲痛和绝望中，不同程度地出现情绪、生理异常反应，认知障碍，异常行为，甚至出现精神崩溃、自伤、自杀的倾向。与遇难者关系越亲近的家属其症状越明显。他们经常会把责任归咎到自己身上，认为全是自己的过失，并产生内疚、自责心理。

幸存下来的伤残病员则要面对伤痛之苦和身体残疾的沉重打击。残酷的现实对其心理活动产生严重冲击，其精神状态可能急剧恶化，情绪状态可能剧烈震荡。典型的心理应激反应包括悲伤、绝望、缺乏安全感、自暴自弃、悲观厌世等。

三、不同类别受害者心理行为干预的重点

（一）伤残的幸存者

一方面，要为他们营造一个有安全感的环境。另一方面，干预者要与其建立情感联结，倾听他们的故事，鼓励他们宣泄心中的痛苦，给予他们积极的暗示。待其情绪稳定后，帮助他们客观地、现实地分析和判断事件

的性质和后果，纠正不合理的认知；引导他们采取积极的应对策略和技巧；着手帮助他们解决一些实际问题，协助他们逐步树立起重新面对生活的勇气和信心。[①]

（二）失亲者（罹难者家属）

首先，应给予失亲者在生活、生理上精心的照顾，体现个性化、细节化。其次，通过倾听，引导失亲者将灾害引起的抑郁、焦虑、自责等负性情绪宣泄出来，帮助他们认识、面对、接受失去亲人的事实。最后，帮助其与家属朋友之间信息通畅，相互取得心理支持。[②]

四、对受害者进行心理干预的节奏

突发危机事件对人们造成的创伤常常是毁灭性的，除了身体上的伤害，还给当事人带来心理上和精神上的更严重创伤，并由此造成当事人思维方式、情感表达、价值取向、生活信念及对生命价值的看法等许多人格上的变化。[③]心理干预可以起到缓解痛苦、调节情绪、塑造社会认知、调整社会关系、整合人际系统、鼓舞士气、引导正确态度、矫正社会行为等作用。因此，在危机事件发生时和发生后，有组织有计划地提供心理援助和干预是非常必要的。

早期心理干预的目的在于处理早期应激反应（生理、心理、行为），促进受害者心理功能的恢复和适应能力的增强，初筛创伤后应激障碍病人并及早转介。前面我们已经介绍的一些应急心理危机干预的方法可以适用于受害者的心理援助和干预，这里我们要强调的是对于突发危机事件的受

---

① 邱慧萍：《灾难性危机事件的心理干预》，《江西农业大学学报》2004年第3期，第135—136页。

② 房秋燕：《突发灾难事件中遇难者亲属的心理危机干预》，《护理研究》2007年第2B期，第439—440页。

③ 蒋湘玲：《重大自然灾害后快速心理危机干预》，《医学与哲学（人文社会医学版）》2008年第29期，第45—47页。

害者进行心理干预需要把握适当的节奏。

第一阶段，创伤事件发生的早期（1、2天内）受害者的大脑会发生退行（理智脑休克，情绪脑占主导地位，甚至只保留基本生存活动的调节功能），刺激越强烈，退行越严重，当事人的反应也就越原始。相应的，我们提供的心理干预措施也应该是原始的。心理干预的重点是，像妈妈一样帮助受害者建立安全感，让他们意识到生命不再受到威胁。具体措施：（1）提供实际的帮助，如为当事人提供食物和水，提供相对安全的环境；（2）给予精神上的支持、理解、安慰，少说多做；（3）激活支持系统。

第二阶段，创伤事件发生一两天之后，受害者的心理问题逐步凸显，出现一些应激反应症状，如做噩梦、悲伤、恐惧等。这时的心理干预者可以转换为教师角色，其主要任务是识别心理危机干预重点对象并进行心理危机干预；对人群中持续存在并广泛传播的恐惧心理进行干预；帮助人们进行心理康复和精神疾病的预防和治疗。具体措施：（1）可以采用心理健康教育的方式帮助当事人理解自己在求生时的自保行为（如没能救出自己的亲友）是正常的，目前经历的症状也是经历了灾难事件的正常反应，克服自责、内疚、焦虑、恐惧等消极情绪；（2）指导当事人进行一些自我照顾的活动，如允许哭泣，用记日记、绘画的方法记录自己的想法和感受，找到并从事自己的爱好等；（3）可以采用团体心理辅导的方式，为当事人提供倾诉和宣泄的空间，完成完整的叙述（避免压抑），相互支持，缓解其内疚和怀疑的情绪。

第三阶段，从灾难事件向正常生活过渡阶段。在经过了前两个阶段的心理危机干预以后，潜在的心理危机得到有效的控制。这一阶段的主要任务是借助学校、社区等社会组织，通过开展团体活动，对前期心理危机干预的成果进行检查并加以巩固。心理干预者的角色转换为心理咨询师。具体措施：（1）请当事人讲述事件，检查其是否有遗忘；（2）检查创伤症状，与当事人讨论如何恢复正常的生活。

　　第四阶段，灾害给人们造成的心理伤害往往是长期的。灾难过后，多数人的应激反应会在1—3个月内逐渐缓解，但也有一部人会在一年内出现创伤后应激障碍、焦虑症、抑郁症等心理疾病。这时心理干预者应该像哲学家一样，引导当事人体悟生命的意义。具体措施：（1）让当事人展开叙述，并将叙述的内容逐渐引向积极；（2）讨论创伤的积极意义和带来的成长；（3）对于其症状未有明显改善或有延迟症状出现的当事人应及时转介到专业机构接受治疗。

第四节　公共危机事件中普通公众角色作用的发挥

　　随着风险社会的到来，公共危机事件的发生愈发频繁，公众不仅仅是灾难后果的被动接受者和旁观者，也应该是主动的应急参与者。公众对危机事件的反应即角色作用的发挥，对于应急管理工作的成败起着决定性作用。

一、突发危机事件对公共心理行为的影响

　　一场重大的灾害，不仅会给幸存者、遇难者家属、救援人员留下严重的心理创伤，还会对一般公众造成心理影响，甚至对全社会造成潜在的心理损伤。例如为了躲避SARS，一些民众闭门不出，过量使用消毒剂，每天反复洗手等。恐怖袭击事件易引起公众的普遍焦虑、恐慌，少数人会发生精神障碍。"9·11"事件后被调查的1008名居民中9.7%的人出现抑郁症状，7.5%的人发生创伤后应激障碍。因此，我们也应该对一般公众进行及时有效的心理行为干预。

二、公众应急心理行为调适

对一般公众进行心理行为干预，首先，要提供及时、准确、权威的信息。及时、准确、权威信息的发布，有利于公众了解实情，明确压力源，阻断谣言带给人们不必要的恐慌，稳定公众的情绪。其次，要加强对灾害相关知识的教育，普及精神卫生教育，教会公众正确应对灾害和进行自我心理调适的方法。最后，提供覆盖面广、便捷的社会心理服务，如心理热线、心理咨询服务等。

三、公众在危机应对中角色作用的发挥

公众作为社会的主体，不仅是灾难后果的被动接受者和旁观者、政府应急管理工作的对象，也应该是主动的应急管理工作参与者。在参与应急管理工作过程中积累的经验，获得的价值感和意义感，有助于提升公众应对突发事件的能力和信心，减少焦虑和恐慌。

（一）公众发挥应急作用的优势

政府作为单一行政主体，力量有限。而公众人数众多，分布广泛，充分调动公众的积极性，在政府的指导下参与公共危机治理，可以有效地弥补政府的不足。

（二）公众应急作用发挥的不足

1. 缺乏参与意识

长期以来，我国政府一直居于公共事务管理的主导地位，公众习惯居于从属地位，认为危机的预防和管理都属于政府职责，缺乏参与意识，没有参与危机管理的愿望和要求。公众更多的是在危机事件发生后，在政府官方有关部门的统一号召下被动式参与。

2. 缺乏危机意识

在危机事件发生前，我国公民对有关危机预防的基本常识掌握不牢，危机预防的警觉性和敏感性普遍较低，常常忽略危机暴发前的异常现象或者认为危机预防是相关政府部门的责任，即便是有所察觉，也未能把信息及时反馈给相关责任部门。

3. 应对危机的能力不足

公众普遍缺乏危机应对的知识和实践经验，在危机中自救、他救能力不足，快速应变能力欠缺；心理承受能力不足，在危机面前惊慌失措，心理防线容易崩溃和失衡，理性思考能力受到制约；对信息辨识度有限，易被谣言"绑架"，使得本来紧张的局势变得更加复杂。

4. 缺乏应对危机的秩序

公众参与危机应对仅仅停留在个人行为层面，缺乏组织性和秩序性，尚未形成有效机制，不能满足公共危机治理的实际需求。

（三）社会公众发挥角色作用的途径

首先，应建立健全相关法律法规，明确公众在危机应对中的参与权利，调动公众参与国家应急管理的积极性，同时在参与程序、方式、途径等方面作出清晰规定，明确各个主体的权利和义务，使各个主体在法律的框架内有序行动，最大限度地发挥协同效应。

其次，通过教育和培训，提升公众责任意识、危机意识和危机应对能力，包括各种危机事件中自救和互助的技能，心理调节能力等，以便在危机事件前提高预警和预防的有效性，在危机事件中能快速、理智地做出反应，在进行有效自救的同时做好他救。

最后，营造良好的应急文化环境，在汲取中华优秀传统文化和世界各国应急管理经验的基础上，建设具有自身特色的应急管理文化，打造一支危机安全意识高、应急知识储备丰富、危机应对能力强、自觉维护危机秩序的社会队伍。我们还要充分发挥媒体信息传播和社会监督的作用，及时把政府的决策和官方的相关信息传达给公众，并保证报道的准确性和公正性，防止流言，稳定民心；及时公布各个主体的行为、取得的成效、存在的弊端等多方面的信息，有效发挥对参与主体的监督作用。[①]

① 赵静：《公共危机治理中的公民参与角色认知的研究》，《行政科学论坛》2017年第8期，第27—30页。

第九章

积极心理学的视角

无论是个体身心疾患还是社会遭遇自然灾害、公共危机事件，都要付出惨痛的代价，中医理论认为，"上医治未病，中医治欲病，下医治已病"。习近平总书记在《干在实处　走在前列》中提到："为之于未有，治之于未乱。"应急管理要在危机事件没有产生以前，就早做准备，居安思危，"下先手棋"。心理免疫力与安全社会的构建就是应急管理中的"先手棋"。

第一节　心理免疫力与安全社会构建

一、心理免疫力的概念界定

"免疫"一词源于拉丁文immunise，其本义是免税。后来被引入医学领域，引中为免除疾病，即机体抗感染的能力。现代医学将"免疫"界定为机体识别"自己"和"非己"，并排除"非己"，保持机体内环境稳定的一种生理功能。随着心身医学的发展，免疫的概念开始进入心理学视域，衍生出了心理免疫概念，即个体通过一定的方式减少不良情绪的产生或减弱这些情绪的程度，从而使个体保持心理平衡，预防心理疾病的发生。[①]

在个体心理学中，心理免疫力（psychological immunity），是指个体用来抵御外在压力影响、维护心理健康的一套加工、保护和动员系统。[②]

二、心理免疫力的结构

心理免疫力系统是由免疫心理活动、免疫心理品质和免疫心理调控三个子系统有机组成的一个完整的结构系统。各子系统又包含自己的组成成分（见图9-1）。

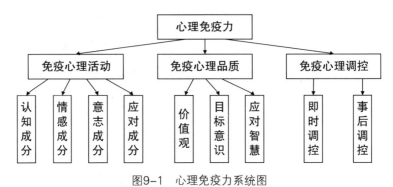

图9-1 心理免疫力系统图

1. 免疫心理活动子系统

由认知成分、情感成分、意志成分和应对成分有机组成。其中，认知成分负责对内外环境刺激及个体的认知活动本身进行主观认知评估并对个体的认知活动进行监控。情感成分是认知评价时产生的相应情绪、情感体验及主体对情绪、情感的表达和管理。意志成分是为实现一定目的而与克服困难相联系的心理过程。应对成分是个体在一定观念支配下表现出来的

[①] 寇冬泉、王映学：《心理免疫力：涵义、结构及其影响因素》，《高教论坛》2008年第5期，第218—220页。

[②] Bredacs A M. Psychological immunity research to the improvement of the professional teacher training's national methodological and training development[J]. Practice and Theory in Systems of Education, 2016（2）：118–141.

对内外环境刺激的反应。四种成分彼此相互紧密联系、相互制约，构成一个不可分割的整体。

2. 免疫心理品质子系统

由价值观、目标意识和应对智慧有机组成，是心理免疫力系统中相对稳定的部分。其中，价值观是个体在实践过程中确立的应对内外环境刺激的基本原则和根本态度，为个体应对内外环境刺激提供实际准则。目标意识是在个体免疫心理活动中获得的动力因素和导向力量，具有引发、激活、维持、定向功能。应对智慧是达成应对目标所采取的有效策略、方式或手段，是个体在免疫心理活动中不断进行理性思考的结果。

3. 免疫心理调控子系统

由即时调控和事后调控有机组成。其中，即时调控是免疫心理活动中伴随着认知、情感、意志和应对活动同时进行的调节控制。事后调控是在活动之后通过理性思考对心理免疫力的各种成分进行的调控。

三、个体心理免疫力的影响因素

个体心理免疫力是个体在成长过程中，不断与内外环境刺激相互作用逐渐形成和发展起来的。其形成和发展，既受先天生物性因素的影响，又受制于后天社会性因素和个体性因素。

1. 生物性因素

现代心理学研究表明，人体的基本人格结构中蕴含着两个具有明显先天倾向的心理成分：内倾—外倾和情绪稳定性—神经质，这两种心理成分都与应对内外环境刺激有很大关系。心理免疫力受到先天生物性遗传因素影响，具有个体差异。

2. 社会性因素

凡是影响个体心理发展的社会环境因素都会影响心理免疫力。社会环境因素对心理免疫力的影响主要体现在个体早期成长经验和后期成长形成的价值取向两个方面，如家庭结构、经济状况、家长文化素质、教养观念、教养方式等。

3. 个体性因素

影响心理免疫力的个体因素主要表现为人的主观能动性。人的主观能动性通过对内外环境刺激的主动选择、调控和改变来维持与内外环境刺激的相互作用，达到维护心理健康的目的。例如选择和建构那些个体喜欢的、与个体的心理品质相匹配的、有利于个体素质提高的内外环境刺激，远离存在过大、过多威胁和挑战的刺激，扬长避短，充分利用个体的优势来应对内外环境刺激，取得对环境的相互作用的优势，进而维护心理健康。

四、群体心理免疫力

当多个个体构成一个有机的群体，群体就成为一个"类生命体"，相应地具有生命力和心理能力。群体的心理免疫力是指群体用来抵御内外在压力影响、维护群体成员心理健康、群体心态平和稳定、群体关系和谐的系统。该系统包括对系统内外环境的认知和理解、积极体验、行动控制三个子系统（见图9-2）。

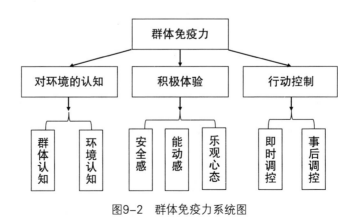

图9-2　群体免疫力系统图

1. 认知是心理免疫力的基础

对环境的认知和理解包括对内环境，即群体的认知和对外环境的认知两部分。对群体的认知是指把群体作为一个整体的认知对象，对其性质、特点、资源、优势、面临的挑战等有充分客观的了解。对外环境的认知是指对群体以外的事物，尤其是与群体关系密切，对群体产生影响的事物的认识和理解。未知的不确定性往往带来焦虑和恐慌，因此，信息的准确、及时、全面非常重要。

2. 体验是心理免疫力的核心

心理体验是建立在认知基础上的主观感受，在群体中表现为普遍存在的情绪氛围，包括群体的安全感、能动感，乐观、希望的心态等。

（1）安全感指人们在客观事物能够满足安全需要的情况下所感受到的情感体验。包括生命健康有保障，物质财产无威胁，有归属感，不会被抛弃，工作稳定等为前提产生的确定感和可控感。

（2）能动感，即人们能够选择自身的行动，对自身的行为负责并感知结果可控。能动感包括主体感、参与感和效能感三个子成分。主体感是指主体可以做出积极的选择，而不是被动地听从要求；参与感是指人们感知到自身的行为可以产生效果、趋近目标或对环境产生影响；效能感是指主体对自己是否有能力完成某一行为所进行的推测与判断。其中，效能感是关键。例如一个救援队如果相信他们有能力顺利完成救援任务，那么救援任务的压力和挑战就不会对他们的心理造成威胁。

（3）乐观心态指群体成员乐于并习惯从积极的角度看待事物，尤其是遇到困难时能够关注资源，正面思考，互相鼓励。

3. 行动控制是心理免疫力发挥作用的过程，也是心理免疫力的直接体现

即时调控是当主体面对外界环境刺激时，伴随着认知、情感过程同时进行的调节控制。例如，在面对自然灾害时，不慌不乱、沉着冷静地排兵

布阵，调配资源。事后调控是在活动之后，通过理性思考对心理免疫力的各种成分进行调节，例如，在成功应对了一次公共卫生事件以后，能动感得到提升，既为下一次环境刺激的应对积累经验，也提高了信心。

从系统论的角度看，心理免疫力是一个系统，其内含的各种不同特质作为要素组成了心理免疫力系统。

五、群体心理免疫力的影响因素

根据心理免疫力的基本理念，结合应急管理相关理论，心理免疫力受到信息状况、群体心态、物质资源、舆论导向、社会支持系统等因素影响。

1. 信息状况

"知己知彼，百战不殆"，未知带来的不确定性通常是恐慌和焦虑的起点。我们对内外环境的认知来源于信息。信息传播途径畅通，信息公开透明、精准及时，可以确保群体成员充分了解群体内外环境的真实状况，是群体心理免疫力的前提基础。例如新冠疫情期间，官方媒体及时准确地发布、报道疫情相关信息，抢占舆论制高点，引导舆论走向，可以避免错误信息对民众的误导，减少公众的恐慌。

2. 群体心态

社会心态是在一定时期的社会环境和文化影响下形成的，社会中多数成员或较大比例成员表现出普遍的、一致的心理特点和行为模式，并构成一种氛围，成为影响每个个体成员行为的模板。[1]群体构成一种小型社会，群体中形成的普遍一致的心理特点和行为模式，如积极、乐观等，是构成群体心理免疫力的决定性因素。

---

[1] 王俊秀：《社会心态的结构和指标体系》，《社会科学战线》2013年第2期，第167—173页。

3. 物质资源

重大应激事件后的资源丧失是导致心理问题产生的原因之一，而资源获得可以帮助人们有效地应对应激事件的影响。保障群体衣、食、住、行等基本需求的物质资源，以及应对突发危机事件的各种设备和工具，是心理免疫力的物质基础。

4. 舆论导向

警惕"悲情式"报道的过度宣传，我们应重新诠释社会负面情绪的建设性意义，为提升心理免疫力营造积极氛围。

5. 社会支持系统

强有力的社会支持系统是提升民众心理免疫力的重要保障。社会支持作为外在资源不仅可以直接缓解心理问题，而且还能有效促进个体内资源的提升，增强民众的积极自我体验，维系心理健康。因此，良好的人际关系、团结的群体氛围可以直接降低灾后人们的心理问题，促进其适应环境变化，提升安全感，发现资源和力量，实现创伤后的适应和成长。

六、安全社会的构建

心理免疫力是一个国家或社会抵御各种风险、保持安全稳定的重要条件之一。

社会安全是指社会系统能够稳定地保持良性运行和协调发展、不安全因素及其影响最小化、社会各个群体能够通过社会建构稳定持续地得到安全保障的能力和机制，是客观的安全性、主观的安全感和过程的安全化三个维度的统一。这里我们重点阐述主观安全感。

主观安全感主要包括公众的公平感、获得感、秩序感三个子因素。

第一，安全社会的公平感主要通过社会政治子系统来维系。政治子系统建构社会运行的各种制度，如法律制度、行政政策机制、道德规范和稳定的社会阶层结构等，旨在维护社会公平，从而促进社会安全稳定。

第二，安全社会的获得感主要通过社会经济子系统来维系。社会经济子系统为社会发展提供经济基础，为社会安全稳定提供保障。将社会财富的"蛋糕"做大、分好，可以提高社会个体的物质获得感。在社会发展成果的分配过程中，实现公平合理地分配，增加民众的直接收入获得感和间接社会发展获得感，防止出现收入差距悬殊现象，这是确保社会安全稳定的经济基础。

第三，安全社会的秩序感主要通过社会文化子系统来维系。社会文化子系统提供社会通用的价值体系和道德规范，形成价值观认同，从而推动形成良性运行的社会秩序。共同的价值取向、强烈的归属感和社会认同感构成社会安全的文化秩序基础。

社会通过政治系统的制度建构和目标达成、经济系统的基础支撑和适应功能调节、文化系统的秩序规范和模式维持，体现公平导向、发展导向、秩序导向，影响民众的公平感、获得感和秩序感，进而综合影响民众的社会安全感，并最终影响和决定着社会安全。

因此，从宏观上看，要想建立一个心理免疫功能强大的安全社会，首先需要政治制度不但完善，促进社会公平，增强民众对于社会事务的参与感和能动感。其次，大力发展经济，提升社会群体（个体）的经济收入和生活水平，转化为心理上的获得感和感足感；其次，社会资源配置过程中的不公正和分配结果的不公，是诱发社会安全事件的经济根源，因此不仅要把"蛋糕"做大，而且要配合以合理的分配制度，把"蛋糕"分好。最后，文化耳濡目染地影响着公众的社会心态。教育、大众传媒等应对大众价值观进行积极引导，形成人与人和谐相处、相互信任，每个社会个体都能够得到社会的接受和认可的良好氛围。

第二节 心理复原力与韧性社会构建

2008年汶川地震，哀鸿遍野，伤亡惨重，但是有一所学校——四川安县桑枣中学师生，却无一伤亡，且教学楼没有塌。2200多名学生和上百名老师安全撤退，从地震发生到成功疏散仅用时1分36秒。因为校长防患于未然，对教学楼进行了系统地加固和维修，没有发生建筑物局部掉落砸伤学生的事，这是建筑的韧性；学校每学期定期开展紧急疏散的演习，学生们对安全撤退路线了然于胸，老师们指挥起来秩序井然，这是在自然灾害面前展现出的组织的韧性。经历了三年多的新冠疫情，世界各国经济社会发展都受到了极大的影响，但是随着对新冠病毒的了解逐渐深入，应对策略日益成熟，各国也逐渐开始了恢复重建，但是斯里兰卡却没能等到恢复的时机，国家宣布破产，这反映了一个国家的韧性亦非常重要。当然在个体心理学领域还有更多我们熟知的关于心理韧性的正反案例：比如说身残志坚、百折不挠的海伦·凯勒、贝多芬、尼克·胡哲等，也有大量的青少年在生活中稍有不顺便轻言放弃。这些风马牛不相及的案例都指向一个焦点：心理复原力和韧性。

一、基本概念的界定

（一）心理复原力

复原力（resilience），也被翻译为弹性、韧性、抗逆力等。在心理学领域最早被定义为人们面对挫折和逆境时能够有效应对，从困境中恢复甚至反弹的心理特征。也指个体在应对负性事件以及处理突发危机事件时，表现出的维持其稳定心理健康水平及生理功能，成功应对逆境的胜任特征。

韧性是一种在面对逆境时能够弯曲而非破坏、重新振作甚至成长的能力。美国心理协会（2014）将韧性定义为"在面对逆境、创伤、悲剧、威胁甚至重大压力来源时适应良好的过程"。

为了区分不同的研究视角，本书在个体微观层面选用"心理复原力"进行命名，在社会宏观和中观层面选择"韧性"进行命名。

心理复原力的研究开始于20世纪70年代，源于美国心理学家关于童工生产环境对其未来长期发展的影响的研究。目前对心理复原力的含义界定主要有三种取向：特质、结果和过程。其中，特质取向将心理复原力视为在面对压力或困境时个体有效应对的能力。这种能力来源于稳定的韧性特质，强调个体心理复原力在不同生活应激事件中的稳定性。结果取向将心理复原力看作面对困境，个体仍能保持健康的身心功能。侧重考察创伤或应激对当前个体的影响及其发展状况，为区分应激后个体的发展状况提供理论支持。过程取向则主张从促进发展的因素、条件以及心理复原过程来理解心理复原力，认为心理复原力不仅仅是相对静止的发展状态，还是一个动态的过程，是成功应对困境的过程。过程取向侧重于揭示应激后个体心理复原的内在应对过程，为研究心理复原个体的反应过程提供理论基础。综合以上三种取向，我们可以将心理复原力定义为个体的一系列能力和品质通过动态交互作用而使个体在遭受重大压力和危险时能迅速恢复和成功应对的过程。

（二）韧性社会构建的缘起

党的十九大报告提出要"加强社会心理服务体系建设"，将心理服务纳入社会治理体系中。目前的工作重心在于个体层面的"心理健康科普，精神障碍服务，社会心理疏导和危机干预"等。这些社会心理服务是重要且必要的，但是还远远不够。宏观层面，国家、组织、社区等多层面的探索和思考也是社会心理服务体系不可缺少的组成部分。因此，笔者从积极心理学视角，提出了构建韧性社会的设想。

针对社会层面的各种突发危机事件，人们往往关注的是技术层面的解决途径，不可否认，韧性不能取代技术，但仍然是一个重要的补充。"以抗击COVID-19大流行为例，尽管基因组检测、疫苗、保持社交距离和戴口罩被证明是非常有效的技术工具，但是各国死亡率和疫苗接种率的差异表明，社会需要的不仅仅是技术解决方案。社会是一个复杂的自适应系统，其中出现的行为不能通过孤立地观察相互作用的组成部分来理解。当系统经历了不可预测的突然变故时，要理解其如何能够适应这种崩溃需要复杂的思考。需要科学家、工程师、社会学者、历史学者、政治学者、心理学者的通力合作。"[1]

尽管人类改造世界的能力不断提升，但是COVID-19不会是最后一次。如何确保社会能够更好地抵御未来的动荡，摆脱逆境、恢复平衡、实现发展，真正实现社会心理服务支持和支撑作用，韧性是我们需要优先考虑的问题。

二、关于复原力的研究

关于个体心理复原力的研究已经有40多年的历程。研究的主要内容包括以下四个方面。

1. 心理复原力的概念

关于个体心理复原力，研究者从不同视角提出了不同的定义：高度不良事件后健康功能的稳定轨迹；从不利的经历中吸取教训，有意识地以富有洞察力和综合积极的方式向前迈进；动态系统成功适应威胁其生存、功

---

[1]　Len Fisher：To build resilience, study complex systems[J]，Nature，2021（595），352.

能和发展的干扰的能力等。随着研究的逐渐深入，人们逐渐认识到心理复原力是一个复杂的结构，可能对特定的个人、家庭、组织、社会和文化有特定的意义；个体可能在生活的某些领域比其他领域有更强的复原力，在生活的某些阶段比其他阶段更有弹性；可能有很多类型的复原力。

2. 心理复原力的主要决定/影响因素

心理复原力受到一系列生物的、心理的、社会和文化因素的影响。首先，生物因素影响复原力的相关研究表明，多巴胺DRD4基因、盐皮质激素受体（GR）基因等和脱氢异雄酮（dehydroepiandrosterone, DHEA）、神经肽Y（neuropeptide Y）、甘丙肽（galanin）、5-羟色胺类（5-HT）受体等蛋白质与心理复原过程有密切的联系。其次，心理因素影响复原力的相关研究表明，积极情绪和情绪调节在心理复原过程中起到至关重要的作用。最后，积极心理学的研究表明，强有力的人际关系是心理复原力的重要影响因素。

此外，复原力的决定因素也可能因环境和具体挑战而有所不同。复原力的决定因素可能因人而异，这取决于个性、具体挑战、可用资源和环境背景等多种因素。

3. 新技术如何为心理复原力研究提供帮助

遗传学、表观遗传学和脑成像等领域的新技术和研究为阐明创伤相关症状发展的机制以及成功适应和从创伤中恢复的机制带来了新的思路和启发：通过生物标志物进行测量和评估，识别出先前存在的优势和劣势；区分和预测创伤后症状发展和恢复的轨迹；通过遗传学、表观遗传学或分子生物学来匹配人们的干预措施，制定更科学、更有针对性、更个性化的策略，治疗与创伤有关的症状，并培养旨在增强复原力的具体技能。此外，数据统计分析技术、互联网方法的发展和广泛使用促进了研究参与者的联合以及跨学科间的合作。

4. 增强心理复原力的方法

（1）倾听人们对他们日常生活的看法。复原力不仅仅是"运作良好"或"好于预期"。它是对生活道德层面的理解。因此，交谈、倾听、理解对于增强复原力非常重要，包括生活的重要目标是什么，人们为了实现这些目标做了哪些努力等。如果人的尊严是最重要的目标，那么在暴露于急性或慢性压力源后减轻痛苦的心理健康干预实际上可以通过提供关键的社会、经济和政治资源，为家庭提供住房、工作、教育和安全的社区，尽量努力实现更大的社会公平等方式帮助其获得尊严。

（2）促进健康发展，支持适应性系统。心理健康以身体健康为基础，以良好的社会支持系统为支撑。健康的发展环境，确保家庭照顾系统运转良好，确保大脑以健康的方式发展，对于提高心理复原力大有裨益。尤其对于孩子来说，增强复原力最有效的办法是提供一个安全、稳定和充满爱的环境，使儿童的自然保护系统得以发挥，并促进认知、情感和身体发育。社会支持系统包括家庭、学校、社区、国家。为了提高健康发展的机会和复原力，有必要向家庭、学校和社区提供各种经济资源和应急资源。

（3）资源和优势的充分准备。创伤发生的概率是很高的，所以提升心理复原力的关注点不是担心创伤暴露是否会发生，什么时候会发生，而是尽早做好准备。在个人层面上，做好应对逆境的资源准备，暴露在逆境中就不会那么震惊了。此外，发现自己的优势，也是一项应对逆境不可忽视的重要资源。增强复原力的方法之一就是找到自己的优势所在。

三、群体韧性和韧性社会的构建

群体是由个体构成的，但是当个体构成群体，群体便会成为一种新的"生物"，有自己的情感、思想。群体的独特情感和思想在内容和方向上与组成它的个体是截然不同的，然而其结构和作用机制又与个体极其相似。因此，当我们把群体拆分为个体，并从微观上进行研究时，永远无法对群体的现象作出科学的解释、预测和有效调控；同时，我们又可以将群体类比为个体进行研究，将个体心理学中一些比较成熟的理念和方法用于群体心理学的研究。这一部分我们尝试将心理复原力理论应用于群体韧性研究以及韧性社会构建。

（一）群体韧性

群体韧性是群体从失败、挫折、矛盾或其他威胁经历中恢复的能力。已有的研究表明，群体韧性既不是一种特质，也不是单纯的能力、过程或结果，它是这些成分在不利事件的激发下，人与人、人与情境相互作用产生的结果。群体韧性有着额外的独特性主体，其建设路径也与个体复原力有所不同。[①]

左恰尔迪（Gucciardi）等（2018）总结了已有相关的研究成果，提出了一个凸显建设模型，这个模型基本上完整地描述了群体韧性建设的基本要素（如图9-3所示）。[②]

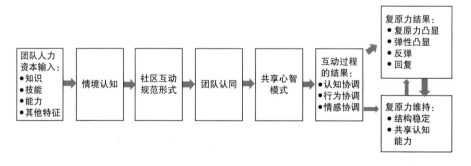

图9-3　多层次群体韧性凸显过程模型示意图

---

① 胡平等：《心理学在社会服务体系中作用的思考——以复原力建设为例》，《心理科学进展》2020年第1期，第3—40页。

② Gucciardi, D. F., Crane, M., Ntoumanis, N., Parker, S. K., Thøgersen-Ntoumani, C., Ducker, K. J., … Temby, P. The emergence of team resilience: A multilevel conceptual model of facilitating factors[J]. Journal of Occupational and rganizational Psychology, 2018, 91(4):729-768.

基于此模型，在群体韧性建设过程中，我们只需要考虑群体中个体层次的人力资本整合以及情景认知的内容，通过制定应对的流程和制度，促进社区互动规范以及团队认同，监督建设的进程以及人际关系动态等，最后就能产生认知、情感和行为结果。

（二）韧性社会的构建

社会是一个更大、更复杂的群体。借鉴群体韧性的理论，构建韧性社会对于国家治理体系和治理能力的提升有重要意义，是支撑社会系统良好运行的基础，也是社会心理服务体系建设的重要议题。

1. 社会韧性的界定

关于社会韧性有能力说和特质说两种观点。能力说强调在应对不确定性与扰动因素时，社会系统自身具有的调节、恢复和适应能力，能维持社会结构的总体均衡。包括应对不确定性或扰动时，减缓和降低其所带来的社会损害和负面影响的防御能力，恢复受损部分继而维持社会系统正常运转并逐渐达到平衡状态的恢复能力，以及通过系统学习、结构优化或组织再造使其迈向更佳状态的调适能力等。[①]特质说将社会韧性理解为社会的结构性、各部分之间的连接性，是社会结构在遭遇冲击和破坏时不至于解组和崩溃，维持社会整合、促进社会有效运行的特质。它包括社会关系、社会文化和心理结构等具有经验性和稳定性的特质。[②]

2. 社会韧性的形成

社会韧性通常是自发形成的，具有自源性。既有的经济、制度和文化传统等资源是社会韧性得以生发的内源性力量。在突发事件中，这种内在的力量会发挥抵御冲击的保护性作用，赋予个体、家庭和社区在面临困境时产生抵御困难的心理能量。个体层面的心理复原力体现在面对困难、战

---

① 赵方杜：《社会韧性与风险治理》，《华东理工大学学报（社会科学版）》2018年第2期，第17—24页。

② 王思斌：《社会韧性与经济韧性的关系及建构》，《探索与争鸣》2016年第3期，第4—8页。

胜逆境的信念和积极行动上，社会层面的韧性体现于在突发危机事件后所产生的同舟共济、共克时艰的社会凝聚力上。

社会韧性并非一个完全自然的过程，同样具有建构性，需要我们积极引导和培育。它既受到外部风险和不确定因素的影响，也有赖于社会系统中的行动主体能否积极主动地应对风险，及时有效地调整、建构自身与环境之间的互动关系。因此，社会韧性并非一个稳定的状态，而是在风险压力下不断地获得持续性、适应性和转化性能力的动态变迁过程。

3. 韧性社会的特性

韧性社会具有四种特性：稳定性，在受到扰动后系统不会产生功能退化或功能偏移，具有内在的优势来抵抗外在的风险；冗余性，系统各部分的功能可替代性，不会造成功能缺失；应变性，系统及时发现问题并调动所需资源；及时性，系统得以迅速恢复和发展。[①]

4. 韧性社会的建构

韧性社会的建构，需要考虑其内在含义与本质特性，从社会包容性、社会连接性和社会能动力三个方面入手。

社会包容性是社会韧性的基石。社会的包容性主要体现在"参与"和"共享"两个方面。社会成员尤其是弱势群体都有机会参与社会公共事务，平等地分享经济增长和社会发展的成果，社会不平等得以大幅降低，社会排斥、社会区隔逐步消解。提高社会的包容性需要以政策为依托，社会政策体系在保障民生、满足人们基本需求的同时，建构更为均衡的社会结构以减少社会扰动因素的产生；提供社会性支持、化解社会风险以促进经济增长；充分发挥社会政策在反贫困、社会福利与经济发展等方面的作用，形成发展型社会政策的整体架构。这是社会韧性得以存在的前提和基础。

---

① Bruneau M, Chang S E, Eguchi R T, et al., A Framework to Quantitatively Assess and Enhance the Seismic Resilience of Communities[J].Earthquake Spectra, 2003, 19(4): 733−752.

　　社会连接性是社会韧性的运转途径。社会各主体之间的结构性和连接性，是社会系统在遭遇压力或破坏时能继续维持结构与发展的能力，使之不至于解组或崩溃。连接性来自生活共同体中社会成员之间守望相助、相互扶持的社会信任关系。人们要在一定的社会中生活，就会发展出一定的、基于某种社会关系的连接性，在一定的阈限中，这种连接性就是社会韧性。社会韧性包含了正式和非正式两类关系结构层次，前者是指正式的组织运行体系，如不同的组织、部门行动主体之间的合作网络，后者指非正式的社会纽带关系，如生活共同体中的相互信任、扶持及社会凝聚力。韧性越好，意味着不同层次关系结构发生断裂的可能性就越小，也能够激发产生应对外部冲击的更大力量。就我国目前的情况来看，社区层面的社会资本建设，可以使社会成员的社会网络得到扩展，社会融合得到加强，社会连接性得到修复和发展。这有利于增加社会关系冗余度，从而在时间和空间上分散风险，减少扰动状态下的社会关系损失，进而有效促进社会风险治理中的群际互助与社会协同。

　　社会能动力则是社会韧性的行动机制。社会能动力包括主体感、参与感和效能感三个部分。主体感是指社会主体在社会事务中拥有一定的自主权，可以作出积极的选择，而不是被动地听从要求；参与感是指社会主体为达到目标而采取的行动确实产生效果，对自身或环境产生了影响；效能感是指社会主体对自身是否有能力完成某一任务或应对某一项挑战所进行的推测与判断。就我国目前的情况，可以通过以下途径提升社会能动力：（1）培育建立多层次的公民参与网络和多样化的社会组织。作为政府与民众之间的联系中介和利益诉求表达渠道，缓解双方的对立情绪与冲突行为，提升各层次主体的社会事务参与感；（2）能通过自治活动培育社会主体自我管理、自我服务的能力，提升其在面对不确定因素时的应对能力，提升各层次主体的主体感和效能感。（3）通过公民参与网络与社会组织，充分调动相关社会资源，通过共同行动增强社会系统对风险的反应、处置和协调能力，以维持社会系统的结构均衡和秩序稳定，提升各层次主体的效能感。

社会包容性、社会连接性和社会能动力三者相辅相成，共同促进韧性社会的建构与韧性治理。

第十章

信息时代的新命题

第一节　信息技术对应急社会心理的影响

2023年3月2日，中国互联网络信息中心（简称CNNIC）第51次《中国互联网络发展状况统计报告》显示，截至2022年12月，我国网民规模达10.67亿，互联网普及率达75.6%，全年移动互联网接入流量达2618亿GB，网民人均每周上网时间为30.8小时。网络购物、网络新闻、在线政务服务、在线医疗等服务受到网民青睐，用户数量持续增长。

随着信息技术的发展，网络已经成为人际交往、获取信息的重要手段，渗透到生活的方方面面，广泛而深刻地影响着我们的生活，改变了人类行为的组织方式和生活方式，也在潜移默化地改变人类本身。

一、信息时代的特点

信息技术作为一种人类信息传播的工具，全面超越了传统工具，是人类历史上最复杂、前景最广阔的工具。信息技术具有共享性、智能性和渗透性三个方面的特点。

（一）共享性

信息技术为信息交换提供了广阔而便捷的平台，个人思想和群体智慧得以充分地交流与共享。

（二）智能性

信息技术可以在一定程度上替代人类完成复杂的信息加工任务。

（三）渗透性

以互联网为代表的信息技术在教育、金融、医疗、政务、商务等领域发挥着越来越大的作用。

信息技术构建了"网络"这一独特的虚拟空间。其中的很多元素都与个体在自己大脑中创造的精神空间相似，但是这个虚拟空间不存在于人的大脑，而是寄存于庞大而复杂的物理系统中。因此，网络空间也被看作是介于物理空间和精神空间之间的"第三空间"。网络空间虽然依赖计算机和网络硬件，但其软件与信息内容的生成和运作又自成一体，有其自身的动力演化机制。独特的第三空间对个人和社会都具有非常重要的意义，将人们不同的思想与意图交织在一起，为人们提供创造的机会，并使网络空间成为一个社会空间，衍生出反映人类行为方式和内心经验的新规律。[①]

二、信息技术对社会心理行为的影响

在信息技术的影响下，人类社会心理行为也呈现出一些新的特点，具体表现为空间的跨越性、时间的非同步性、人际互动的匿名性和自我的去抑制性。

（一）跨越性

信息技术让人与人之间的交流互动更加便捷，超越地理空间的阻隔和

---

① 周宗奎等：《网络心理学》，华东师范大学出版社2017年版，第2—3页。

物理实体的障碍，在更广阔的空间内实现了信息分享和交换、商品交换和情感联结，拓展了个体生活的广度，也改变了个体对自身与周围世界关系的定位，让自我知觉的范围更大，形成一个更大的网络，更小的世界。

（二）非同步性

非同步性是在信息技术影响下社会行为呈现出的时间特征。在信息技术没有普遍应用的时代，人际的交往和互动在时间维度上非常受限，基本上是同步进行或是大幅度延时进行。而信息技术为人际交往提供了更多时间上的可选择性和可控制性：每个社交主体可以选择随时开始或终止沟通，选择回应时间和回应方式；可以在同一时间内开展多重社交。

（三）匿名性

在信息技术构建的网络世界里，主体可以选择隐藏或有选择地呈现自己的自然特征属性和社会身份信息，甚至随意变换自己的个人特征。相对于现实世界个人身份的唯一性和确定性，网络世界在一定程度上有助于自我认同的探索和获得，促进关系的建立。当然如果网络世界的匿名性不加以控制，也会引发社会信任的危机。

（四）去抑制性

"抑制"是指行为受到约束，即个体因担心公众的看法，在一定程度上控制自己的行为。相反，"去抑制"指的是由于网络环境的匿名性等特点，导致公共意识的减弱，个体对他人看法的关注度降低，主体放松对自我行为的约束。具体表现为：（1）在网上肆意宣泄传播不良情绪，辱骂他人甚至使用网络暴力；（2）更诚实开放地表达对事物或他人的看法。

三、信息技术对应急社会心理的影响

信息技术不仅重新塑造了正常的社会生活，而且对应急社会心理产生了广泛而深远的影响。

（一）从社会心理活动的内容上看

第一，对社会风险认知的影响。信息技术加快了信息传播的速度，拓展了信息传播的广度，每个主体都可以成为信息的发布者和接收者。信息技术的进步促进了社会风险相关信息的传播。具体表现为：（1）提高了人们对社会风险的感知力和敏感度，促进了民众风险应对知识的普及；（2）提高了社会风险信息的影响力，在一定程度上夸大了社会生活的危险性；（3）一些不实的风险信息在网络中传播会影响社会的和谐稳定。

第二，对社会情绪表达和传播的影响。网络空间成为人们情绪表达和宣泄的重要途径之一。情绪本身具有传染性，而网络的便捷和受众广泛的特点，让情绪能量呈几何指数增长，在网络环境下，任何一个微小的情绪表达，都可能渲染出巨大的洪流，以势不可当的力量，对社会生活产生影响。具体表现为：（1）近些年时有发生的恶性网络暴力事件，就是社会消极情绪在网络作用下的特殊产物；（2）一些乐观、坚韧、友善的积极情绪和正能量也在网络环境得到广泛传播，提高了人们应对突发灾难性事件的信心和勇气。

第三，对意志行为的影响。由于网络具有匿名性和去抑制性，人们在网络上的行为较少受到社会道德和公共舆论的约束，更容易有过激的言论和不负责任的片面观点传播，这些言论和观点如果不加以控制，很可能成为社会危机事件的危险源和助燃剂。同时，网络空间的匿名性和去抑制性，也鼓励人们更诚实开放地表达对事物或他人的看法，这些真实的声音可以为应急管理提供重要的预警信息。

（二）从应急管理的阶段上看

应急管理被划分为预防、预备、响应和恢复四个阶段，在每个阶段，信息技术都以不同的方式对应急管理产生影响。

第一，在应急管理的预防阶段，利用网络进行大数据信息的分析，预警和动态监测可能影响未来稳定的破坏性因素，成为当前网络心理学研究的热点，也是未来发展的趋势。例如转发是微博平台上用户的重要行为，也是一种信息传播、扩散的重要机制。理解用户的转发行为并进行预测，对预防突发事件和舆情监控等具有重要的意义。[①]

第二，在应急管理的预备阶段，主要任务是应急预案的制定和应急资源的储备。以人力资源的储备为例，目前蓝天救援队等很多民间志愿组织都是通过互联网进行招募、组织和管理的，以互联网为基础的救援网络，广泛分布于社会的各个角落，让救援活动更加方便、快捷。

第三，在应急管理的响应阶段，主要任务是收集灾情信息、开展救援行动、提供救援物资等。互联网以其覆盖面广、信息传输速度快的优势成为灾情信息传播的重要渠道，包括灾情的起因、发展态势、应对灾情的方法、应急救援的需求等。通过互联网，应急救援的供给和需求可以更好地对接，应急救援工作可以更顺利地开展。

第四，在应急管理的恢复阶段，主要任务是生产、生活秩序的恢复和重建等。在应急救援过程中涌现出的无私无畏的感人事迹、舍己为人的英雄故事、不屈不挠的克难精神、形成正能量在网络上传播，增强了人们积极投身恢复重建的信心和勇气；同时，正能量也在人际间互相感染，吸引更多的社会力量投入灾后生产、生活秩序的恢复和重建中去。

第二节　大数据分析技术在应急管理中的运用

2017年12月，习近平总书记在主持中共中央政治局集体学习时强调，要运用大数据提升国家治理现代化水平，要建立健全大数据辅助科学决策和社会治理的机制，推进政府管理和社会治理模式创新，实现政府决策科

[①] 曹世鸿等：《微博中转发行为的预测技术综述》，《中文信息学报》2021年第6期，第16—29页。

学化、社会治理精准化、公共服务高效化。随着各种社会风险因素的增多，在应急管理领域，大数据分析技术的开发和运用更是当务之急和大势所趋。

一、大数据与大数据分析技术

大数据是一种容量大、种类多、速度快的信息资源。维克托·迈尔、舍恩·伯格和肯尼思·库克耶将大数据的特征概括为"4V"，即大容量（Volume）、高速度（Velocity）、多样化（Variety）和低价值密度（Value）。由于大数据具有巨大的潜在价值，近年来大数据分析技术迅速在各个研究领域中崭露头角，逐渐成为社会科学研究的新工具。

大数据的潜在价值需要特定计算技术和分析方法的挖掘。因此，这里的"大数据"包括三层意义：第一层意义是数据的巨量化和多样化；第二层意义是大数据技术，它是对已有或者新获取的大量数据进行分析和利用，包括云存储和云计算等；第三层意义是指大数据思维或者大数据方法，它是利用海量数据进行分析、处理并用以辅助决策，或者直接进行机器决策、半机器决策的全过程大数据方法。[①]

与传统的技术方法相比，大数据的优势在于：第一，以相对较低的时间、人力成本实现对近乎全样本的数据进行自动抓取、实时分析乃至实验操控，[②]实现对社会现象和人类行为规律的分析、预测和干预。第二，巨大、连续的数据存储和模型分析，以一种细粒度和大规模乃至全球范围的方式实时研究个体群体行为，能够根据个体和情景变异进行适应性的调整和持续、实时的纠正。第三，庞大数据量补偿了精确性上的损失，这有助于分辨

① 马奔、毛庆铎：《大数据在应急管理中的应用》，《中国行政管理》2015年第3期，第136—141、151页。
② 吴胜涛等：《基于大数据的文化心理分析》，《心理科学进展》2023年第3期，第317—329页。

出最合适的相关关系，捕捉小数据测量时没有的新价值。[①]第四，大数据技术赋能研究者们方便地抓取网络生态数据，研究文化动态演化及节点事件效应，使得时间趋势和空间地理上的大尺度分析真正成为可能。[②]

大数据在公共安全与应急管理领域、社会心理服务建设领域都有广泛的应用价值和开发前景。目前，在公共安全与应急管理领域应用的研究主要聚焦于突发事件预警体系建设、应急决策与能力评估、公共危机跨部门协同治理机制等方面；在社会心理服务建设领域的应用研究主要包括社会情绪的监测和积极社会心态的引领等方面。

二、大数据在灾害治理领域的研究和运用

随着"智慧城市"、数字治理实践的推进，大数据在灾害治理中扮演着越来越重要的角色。大数据不仅为灾害治理提供了全样本、关联性与系统化的研究思维，而且为相应的决策提供了科学、客观的方法与技术支持。大数据分析技术使得有效处理突发事件中不同类型、不同维度以及不同尺度的数据变成了可能。[③]

（一）实践运用

目前，已有很多城市在"智慧城市"的背景下，开发和运行与灾害治理有关的预警平台。如南京上线了全国首个"气象灾害靶向预警防控系统"，汇聚了全市包括危险房屋、地质灾害隐患点、行道树、户外广告牌等在内的13类5万余条风险源数据信息，可为靶向预警提供精准的数据支撑。

---

① Lazer, D., Pentland, A., Adamic, L., Aral, S., Barabasi, A. L., Brewer, D., ... van Alstyne, M. Social science: Computational social science[J]. Science, 2009, 323(5915): 721－723.
② 吴胜涛等：《基于大数据的文化心理分析》，《心理科学进展》2023年第3期，第317—329页。
③ 童星、丁翔：《风险灾害危机管理与研究中的大数据分析》，《学海》2018年第2期，第28—35页。

（二）理论研究

我国学者开展了大数据在灾害治理中的作用的相关研究。

何兰萍（2023）将大数据作为一个独立的维度引入灾害治理，构建了灾害治理的整合性逻辑分析框架（见图10-1）。灾害治理从结构上看，包括灾害、技术和组织三个要素。灾害是其本身的特点：突发、高发，以及链生、次生、放大效应等；技术是应对灾害的相应手段；组织则是对人力、物力和技术的整合运用以及管理方式的适时创新等。从过程上看，包括灾前预警、灾中应对、灾后恢复三个阶段。该模型将大数据作为一个独立的维度引入灾害治理，基础任务是多源灾害大数据的获取，核心任务是进行大数据分析、评估、研判与决策。

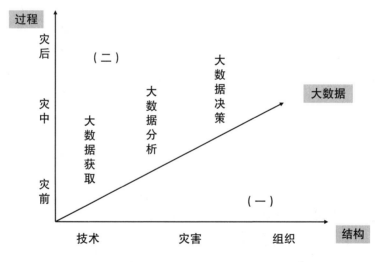

图10-1　大数据参与的灾害治理整合逻辑图[①]

（1）大数据获取。大数据获取是与灾害、技术、组织三方逻辑的合作，形成多源大数据：不仅包括通过多种信息技术设置、装备等进行实时监测的数据，还包括历史灾害数据、案例数据、专家知识、业务部门监测

---

① 何兰萍：《大数据视角下灾害治理的整合性逻辑》，《广州大学学报（社会科学版）》2023年第2期，122—132页。

数据，以及基础地理和经济社会数据、互联网数据等。

（2）大数据分析。大数据分析是对多源异构、海量庞杂的数据进行数据清洗、融合更新、数据挖掘和云计算，需要大数据中心、云计算平台、数据治理的工具等的支撑。在这个过程中，除了人工智能技术运用之外，同样也离不开灾害管理部门的经验，以及对专家知识的采纳和利用。

（3）大数据决策。融合业务部门以及相关领域专家的知识、经验等，综合作出预警和应急响应的各种决策，包括灾前阶段的预警信息发布、人员转移等，灾中应急处置阶段的决策，以及灾后对灾损的评估、救助需求评估等。这些都需要在技术分析的基础上，融合各相关部门的分析判断。

（三）问题分析

从我国的实践情况看，目前大数据应用于灾害治理还有一些问题需要解决。一方面是受技术发展的制约。在自然灾害日益频繁且复杂的情况下，人们十分期待大数据在灾害监测和预警、快速研判、智能分析、科学评估等方面发挥作用。但目前新科技、新技术的应用还不充分，在多灾种和灾害链综合监测和预报预警等各方面有待提高，我们必须重点突破技术制约。

另一方面是大数据与其他结构逻辑的融合不够。从目前的情况看，在各地"数字政府"建设实践中，自上而下的垂直型系统和各部门内部的数源交互不够、共享不足，导致智能组件运用不足、大数据算法能力不强。因此，大数据在突发事件治理中的应用受到组织协调性的影响，从而弱化了人机协同决策机制作用的发挥。因此，大数据作用的发挥不仅仅依赖技术，更需要技术与组织的适配。

三、大数据在应急管理实践中的价值[①]

大数据能够对多元主体的应急需求、应急行为与应急问题等进行精准把握，将大数据嵌入应急管理，实现全过程、全要素、全阶段的智慧应急，可以有效地提高政府防范和化解重大风险与应对突发事件的能力。

（一）有助于各阶段应急管理效果的改善

第一，在应急预防阶段，全要素大数据智慧应急协同系统的建立，可以以大数据为基础，以灾害重点目标监测为抓手，做好风险的防控，更好地实现应急管理从事后补救的"被动"应急转变为预防为主的"主动"应急。

第二，在应急预备阶段，全要素大数据智慧应急协同系统的建立，可以打破行业、部门条块分割，"信息孤岛"的现状，全景构建风险的大数据画像，更清晰地呈现结构之间的关系，制定更精准有效的应对方案；同时可以提高政府的跨域协同治理能力，促进防灾减灾救灾工作标准化，构建以案例和规则推理为基底的大数据预警模型，实现精准、快速、动态、协同应急。

第三，在应急响应和恢复阶段，全要素大数据智慧应急协同系统的建立，可以为相关部门在灾中作出科学决策提供参考，并且对灾后救助、恢复重建等作出分析和评估，并提供科学建议。

（二）有助于政府应急管理能力的提升

第一，大数据带来了应急思维和理念的转变。从原来的被动应急转为主动应急，从事后处置转为事前预防；越来越重视多元主体和多技术手段在应急中的协同配合，从碎片化应急处置转为全过程应急管理，从单一

---

① 温志强、付美佳：《大数据赋能政府应急管理模式变革：类型归结与未来向度》，《行政论坛》2023年第4期，第79—86页。

"孤岛式"应急转为多元"连环式"应急，从"人防+物防"转为"人防+物防+技防+数防"等。

第二，大数据带来风险沟通能力的提升。一方面，政府借助风险信息系统全面收集各方面的数据，获得全视角信息，并通过数据分析随时掌握社会心态和舆论走势。另一方面，通过数据共享，政府可以精准对接社会组织、公众等多主体对风险的认识与分析，有的放矢地开展工作，进而提高风险沟通能力。

第三，提升政府在应急管理中的统筹协调能力。政府通过全要素大数据智慧应急协同系统的建立，实现了数据在一定范围内的充分共享和流转，在信息层面上打破了部门之间，"公""私"之间，"官""民"之间的界限，充分调动了社会多元主体参与应急管理的积极性和主动性。私营部门、民间社会组织等都能在政府的组织下各显其能，密切协作，进而提升应对复合型灾害风险冲击的能力和社会整体的韧性。

第三节 信息技术带来的新的社会风险

信息技术是一把"双刃剑"。海量而驳杂的网络信息深刻影响着公众的社会心理、价值取向与行为方式。目前，网络已成为形塑社会心态最为重要的技术力量与公众平台。只有深入研究网络信息与网络情绪、社会心态的关系，发现和预测可能存在的风险和问题，才能找到技术与社会需求的最佳结合点，让信息技术真正成为服务社会，引导社会心态的路径与方法。

一、信息技术带来的新的社会风险

（一）大数据分析技术应用于社会心理服务带来的社会伦理问题

一方面，利用网络平台进行个体心理服务时，会留下大量个人隐私信息，存在个人信息泄露的潜在风险。因此，如何保护这些用户的个人隐私和如何监管这些数据的使用，不仅是一个亟待解决的伦理问题，更是一个法律问题。

另一方面，利用大数据进行社会情绪预测时，我们应该格外警惕对研究对象隐私可能造成的侵害。对于人们在互联网上公开的信息究竟是公共性质，还是私人性质，目前在学术界和法律界依然存有大量争议。[①]

（二）信息时代，公私领域界限模糊，个人情绪影响社会稳定的问题

信息时代，公共领域与私人领域的界限模糊，在特定情况下，社会情绪和社会心态更容易受到个人的影响，增加社会不稳定因素。例如某些"网络大V"等"意见领袖"的个体情绪，会造成更大范围的从众效应，进而导致群体情绪和社会情绪的波动。因此，与某一群体相关的公共事件在社会化媒体上的持续发酵，在某些情绪化媒体内容的推动下，不但会对事件相关群体的情绪产生影响，也会影响事件无关人员的情绪，从而对整体的社会情绪产生影响。

（三）自媒体助推"后真相"时代"情绪先行，真相滞后"的问题

"后真相"是指诉诸情感与个人信仰比陈述客观事实更能影响民意的各种状况，即当社会事件发生时，作为信息接收者的受众的情绪和成见先爆发和呈现，随后才了解真相，即"情绪先行、真相滞后"。

之所以出现"情绪先行，真相滞后"的状况，并不是公众不想了解真

---

① 周明洁、穆蔚琦、郑蕊等：《网络信息与技术在社会心理服务体系建设中的应用》，《科技导报》2020年第22期，第17—24页。

相，而是因为情绪往往比事实更简单，更有影响力。自媒体正是"后真相"时代的推动者。因为相当多的自媒体遵循着信息市场的商业逻辑——营销、流量至上，甚至完全违背了新闻选择的真实性和客观性等价值标准，以贩卖焦虑和恐慌、痛点和笑点等来获得流量和利益。这就使受众在真假难辨的情况下不可避免地受到情绪的裹挟，同时也带来了社会非理性心态和不安定因素。

（四）网络社交媒体导致舆论引导失控问题

网络社交媒体不仅是重要的信息来源，还为公众提供了讨论社会公共事件的自由空间。伴随着每一个社会公共事件的产生，网络空间必然会产生大量舆情。

当消极情绪和积极情绪高度分层时，如果民众将意识形态、领导、金钱和社会机构等作为不满对象，拥有大量消极情绪的人采取集体行动，暴发集群行为的可能性就会大大增加。因此，只有及时准确地捕捉到网络上的负性群体情绪与社会情绪，各级社会治理部门才可能更为快速、精准地回应受众的关切。

随着网络社交媒体突飞猛进地发展，互联网去中心化的趋势愈加凸显，草根媒体、自媒体及传统受众都成为信息的发布者或者传播者，甚至算法这一运算程序都能替代以"人"为主角的"把关人"角色，从而造成传统媒体舆论引导边界逐渐弱化和模糊。

同时，由于网络环境的特殊性，在进行舆论引导时还可能出现回旋镖效应（boomerang effect）即传播者给受众传递某种信息，以达到某种说服的目的，但受众的反应截然相反。

二、解决问题的策略

信息时代的到来势不可当，信息技术已经与社会生活深度融合，因此，面临技术带来的风险，我们没有退路可言，只能迎难而上，因势利导。

（一）加强对大数据分析的伦理监管

第一，建立健全大数据分析研究的伦理审查制度。在运用大数据的方法进行社会研究前，首先要进行风险分析，明确研究问题及方法对于个体、家庭、社会群体可能带来的风险和危害，如信息泄露风险、隐私侵犯风险；针对可能存在的风险采取的防范措施；经伦理审查委员会按照程序审核通过后方可进行。审核的原则是：以全社会整体利益为出发点，危害风险最小化、受益最大化。

第二，建立大数据信息分级管理制度。将身份识别信息等敏感信息与其他必要信息分开，设定研究人员不同级别的访问权限，减少未经授权的访问、数据丢失和误用，严格控制对非必要和敏感信息的访问。

（二）加强主流媒体对社会舆论的引导

1. 加强正能量内容的传播

在弘扬榜样精神、传递温暖情感、促进社会公益救助时，主流媒体应充分运用网络社交媒体的优势，更多地与普通受众交流互动，采用更为亲民、平实、丰富的信息呈现和报道方式，使用生动的描述、丰富的情绪词汇，充分吸收互联网上的最新传播形态，将专业媒体机构生产的内容（PGC）和网民生产的内容（UGC）进行有效融合，拉近与受众的关系，增强受众的"卷入"水平，促进正能量的传播。

2. 遏制谣言和消极情绪

主流媒体具有自媒体和草根媒体无法比拟的权威性、公信力、传播力和影响力，因此，在突发事件的应对过程中应充分发挥主流媒体的作用。

第一，主流媒体要在事件发生后及时发声。突发事件发生以后，民众在信息真空期最容易被操控，如果主流媒体不及时提供真实信息，往往会激起民众恐慌、焦虑等不良情绪，各种流言和猜测四起，使得管理和应对陷入被动。

第二，主流媒体要核查事实、报道真相。网络社交媒体在利益的驱动下存在很多的假新闻、谣言、流言、反转新闻等，尤其是突发性事件发生过程中虚假信息的传播更为严重，且负面效果会在网络中迅速扩散，造成社会混乱。主流媒体应保证信息的真实可信。

第三，主流媒体要进行正效价沟通。平和的心态、稳定的情绪、积极的应对姿态等正效价沟通将会有效降低恐慌，对于引导公众舆论，减少矛盾激化，控制突发事件的负面影响都极为重要。

（三）规范自媒体从业者的职业伦理和素养

《中国新闻工作者职业道德准则》明确而具体地规定了新闻从业者的职业伦理和道德规范。但是对于自媒体而言，从业者的职业伦理和职业素养一直处于缺失状态，这也是导致目前我国网络自媒体乱象的根本原因。

第一，我们需要尽快出台具有法律约束力的自媒体行业规范和自媒体从业者职业伦理规范，对自媒体行业和自媒体从业者的行为进行有效约束和管理。

第二，我们还需要对自媒体行业的监督管理机制进行完善，包括准入、培训、考核、奖惩、退出等各方面的制度。

第三，自媒体也应该自觉约束自己的行为、规范运营，承担社会责任。

综上所述，随着社会的发展，应急管理还会遇到新挑战，我们也将在应对挑战的过程中不断产生新的思路、发展新的方法和手段。我们只有保持初心，与时俱进，才能在世事变迁中寻求社会的和谐和心理的安定。